ভাবনা

কবি সৌরদীপ ঘোষ

যখন দুঃখের ভাগিদার কেউ হয় না তখন সুখের অংশীদার কাউকে কেন করবো??.

(১) কি করে না তোমায় ভালোবেসে পারি ?
তুমি যে মানুষটা ভালোবাসারই।
যেখানে সবার আয়ুরেখা সীমিত ,
সেখানে কেবলই তুমি চির-জীবিত।।

(২) লোকে জিজ্ঞেস করলো কথা বলতে কেন থামলে ?
কেউ বোঝে না কথা বলতে হয় কত সামলে।
লোকের কথা ধারালো আঘাত ফাটালো আমার বুক ,
তবুও থাকলাম আমি তাদের প্রশংসায় পঞ্চমুখ।।

(৩) যদিও গেছো তুমি নিজেকে চিনিয়ে ,
তবুও পারোনি নিতে স্মৃতিদের ছিনিয়ে।
ভালোবাসার বদলে পেয়ে দুঃখের পর দুঃখ ,
আজ আমি হয়ে গেছি কঠোর ও রুক্ষ।।

(৪) উন্নতি করতে গেলে যদিও থাকতে হবে খিদে ,
কিন্তু তার চেয়েও দরকার শক্ত থাকা নীতির ভিদে।
লাভ নেই মিশে গিয়ে ভিড়ের গিজগিজে ,
যদি না পরে চিনতে পারো নিজেকে নিজে ।।

(৫) অন্ধ হয়ে জন্মেছি বলে আঁধারেই থাকতে চাই ,
হাতে মোমবাতি থাকা সত্ত্বেও জ্বালাই না দেশলাই।
ভারী বুকে গোমড়া মুখে বসে থাকি অসহায় ,
নিঃশ্বাস নিয়ে জীবন কেটে যায় সময়ের দয়ায়।।

(৬) কর্মফলের প্রকোপ থেকে কেউ পায়না পার ,
অন্যের ঘর ভাঙলে ভাঙে নিজের সংসার।
বিনা কারণে কখনো করলে অন্য কারুর ক্ষতি ,
তার প্রতিশোধ নেয় তার নিজেরই নিয়তি।।

(৭) মানব না কোনো কারণ , মানব না কোনো বারণ ,
কারণ তুমি আমায় করে তুলেছো অসাধারণ।
প্রাণ বা সম্মানের আর করি না তোয়াক্কা ,
ভালোবাসবো যদিও তুমি আমায় দাও ঘাড় ধাক্কা।।

(৮) কিছু ভাবনায় বই ছাপে ,
কিছু ভাবনায় ধুলো চাপে।
কিছু ভাবনায় স্বর কাঁপে ,
কিছু ভাবনা হিসাব মাপে ।।

(৯) বুঝতে পারছি না অন্ধকার নাকি চোখটা আমার বোজা ,
তেষ্টা নেই নাকি আমি পালন করছি রোজা ।

খেতে মিষ্টি বলেই কি আমি খাচ্ছি চরণামৃত ,
পূণ্য কি বলা যায় যদি সেটা হয় অনিচ্ছাকৃত ?

(১০) পাখির ডানা কেটে তাকে করেছো হাতের ঘুড়ি ,
মাথায় বসিয়ে পেরেক তাতে মেরেছো হাতুড়ি।
ক্ষমতায় হয়ে অন্ধ ভুলে গেছো ভুল-ঠিক ,
বুঝতে পারো না কোনটা রক্ত , কোনটা পানের পিক।।

(১১) একদিন সবকিছুই হয়ে যাবে শেষ ,
থেকে যাবে শুধু কিছু স্মৃতিদের রেশ।
হোক হিংসা বা হোক দম্ভের তেজ ,
সবই হল ক্ষনিকের হালকা আমেজ।।

(১২) হয়তো সত্যিকারেরই আমার মাথায় আছে ছিট ,
তাই তো চেষ্টা করি লাগাতে ছেঁড়া চুলেতে গিঁট।
হয়তো আমি সত্যিকারেই হলাম নরকের কীট ,
তাই তো উপদেশকেও আমার মনে হয় খিটখিট।।

(১৩) হয়তো আমাদের সম্পর্কে আর ঠিক এগোনো যাচ্ছে না ,
হয়তো একে অপরকে আর আমাদের ঠিক পোষাচ্ছে না।
শান্ত মুখ বুঝতে দেয় না মনের ভেতরের ঝড় ,
ওপরে ভদ্র হলেও আমরা ভেতরে'তে বর্বর।।

(১৪) সম্পর্কের যত টান ছিল , সবকিছু গেছে ঘুচে ,
আমার চারিদিকে আজ শুধু অন্ধকার কুচকুচে।
অদেখা কোনো আগামী বিপদের আমি অসহায় দর্শক ,
প্রতিটি ক্ষণে রহস্য আর প্রতিটি মুহূর্ত লোমহর্ষক।।

(১৫) মানুষ হওয়া সত্ত্বেও মানুষে-মানুষে শুধু বিভেদ ,
প্রতিটি মুহূর্তে বাধা-বিপত্তি , প্রতিটি পদে নিষেধ।
প্রতিটি ক্ষণে ধর্মের লড়াই নানান জাতে-জাতে ,
এক হওয়া সত্ত্বেও নিজেদের চিন্তাধারার তফাতে।।

(১৬) প্রকৃত ভালোবাসা কি কখনো থামে ?
তা থাকে বেঁচে কষ্ট পাওয়ার আরামে।
পর হয়ে গেলেও সে চিরকালীন থাকে আপন ,
মনের সাথে স্মৃতির থাকে সর্বদা যোগস্থাপন।।

(১৭) ভালো মানুষদের যে জগতে মূল্য কত কম ,
বোঝা যায় তা দেখলে তাদের মনের জখম।
কেউ দিতে চায় না তাদের চোখের জলের দাম ,
তাদের প্রতিটি কাজ হলো দুঃখ পাওয়ার আগাম।।

(১৮) আসলে আমাদের প্রেমটা ছিল একটু আলাদা ধরণের ,
বাঁচতে এতো ব্যস্ত ছিলাম যে ভয় ছিল না মরণের।
একে অপরের হাসিতে ছিল একে অপরের খুশী ,
কিন্তু সবচেয়ে দুঃখ পায় সবচেয়ে সুখী মানুষই।।

(১৯) আমার সব ভাবনার আমি বোঝাতে পারবো না কারণ ,
সবার সব ভাবনার হয় না ভাব সম্প্রসারণ।
কিছু ভাবনায় ঘুম পায় তো কিছু ওড়ায় ঘুম ,
কিছু ভাবনা বাস্তবিক তো কিছু আকাশকুসুম।।

(২০) কোনোদিনও আমার মান অভিমানের কেউ ধরেনি ধার ,
আমার যত দুঃখ কষ্ট , সবই শুধু আমার।
অসহায় চোখ কল্পনার সাহায্যে সুখের সাথে চায় মিলতে ,
কিন্তু ভেজা গাল আর ভারী বুকে অসুবিধে হয় ঢোক গিলতে।।

(২১) সম্পর্ক যখন ভেঙেই গেছে , বরং তা ভাঙাই থাক ,
ভালোবেসে ডেকে দরকার নেই , বরং দরকারেই ডাক।
লেনদেন চলছে চলুক , বরং পর্দাটা উঠে যাক ,
নিজেকে যতটা ভাবিস , তুই নোস্‌ অতটা চালাক।।

(২২) যদিও তোমার কথার আঘাত ভেঙেছে আমার মন ,
কিন্তু তবুও তুমি তোমার দায়িত্ব করেছো পালন।
তোমার কাছে কৃতজ্ঞ তাই সারাজীবনের জন্য ,
ভালোবাসতে না পারলেও করবো না দায়িত্বে কার্পণ্য।।

(২৩) মনেতে প্রচুর দুঃখ আছে কিন্তু করি না বার ,
শোনার মানুষ আছে কিন্তু নেই যে কেউ বোঝার।
অসহায় মনের দুঃখ রসালো আলোচনার রূপে রটে,
তারাই সবচেয়ে দূরে যাদের ভাবতাম সবচেয়ে নিকটে।।

(২৪) যখন বুকে লাগলো কঠোর সত্যি কথা তীর ,
বুঝলাম আমার বন্ধ মুঠোয় স্বপ্নগুলো বালির।
আস্তে আস্তে গেলো তারা হাওয়ার মধ্যে মিশে ,
আমি আমার চোখ বুজলাম ভেজা বালিশে।।

(২৫) যদিও অনেকদিনই আমাদের সম্পর্ক হয়েছে শেষ ,
কিন্তু আজও কাটাতে পারিনি সেই দুঃখের রেশ।
চেষ্টা করেও ভুলতে পারিনি আমি তোর নাম ,
শুধু ভেবেছি কি করেছি আর কি করতে পারতাম।।

(২৬) প্রতিটি মুহূর্তে সন্দেহ , প্রতিটি মুহূর্তে ছল ,
প্রতিটি মুহূর্তে অন্যের প্রতি অযথা কৌতূহল।
অন্যের হারে খোঁজার চেষ্টা করি নিজেদের জিত,
ধর্মের করি ব্যবসা আমরা সেজে পুরোহিত।।

(২৭) উড়তে গেলে জানি আমার ডানা দেবে কেটে ,

অন্যায়ের প্রতিবাদ করলে লাথি মারবে আমার পেটে।
শক্তিশালী হওয়াইআজকালকার শ্রেষ্ট গুণ ,
মাথার ওপর রাজত্ব করছে সমাজের উকুন।।

(২৮) একবার যদি বলে দিতে প্রয়োজেনটা কি ,
তাহলে সুবিধা হতো দিতে মনকে ফাঁকি।
অযথা তাহলে বাঁধতাম না সুস্বপ্লের বাসা ,
করোলাকে আর ভাবতে যেতাম না বাতাসা।।

(২৯) দুঃখ লুকিয়ে মজা করাই সবচেয়ে বেশি সুবিধাজনক ,
কারণ কঠিন সত্যি বলে নড়ানো যায় না কারুর টনক।
মেরুদন্ডহীন প্রাণী মানুষ , ভন্ডামিতে সেরা ,
কিন্তু দুর্ভাগ্যবশত আমরা তাদেরকে দিয়েই ঘেরা।।

(৩০) আমি বলি না আমার লেখায় থাকে না ভুল ক্রটি ,
এও বলি না আমার লেখার মতন লেখা নেই দুটি।
বিশাল কিছু ভালো লিখি না , আমি লিখি মোটামুটি ,
তাই তো যত না লিখি তার চেয়ে বেশি করি কাটাকুটি।।

(৩১) সবকিছুতে সন্দেহ করা যেহেতু আমার বাতিক,
তাই তো আজ সম্পর্কের পরিণতি হলো এত সাংঘাতিক।
মনের ভেতর ফাটতে থাকে আপসোসেরসব বারুদ ,
জীবনের কঠিণ শিক্ষা করলো জীবনকে নাস্তানাবুদ।।

(৩২) দিনের বেলা ঘুম পায় , রাতে আসে না ঘুম ,
আমিও মানতে বাধ্য হয় শরীরের হুকুম।
জীবনে আমার নেই কোনো নিয়ম শৃঙ্খলার বালাই ,
চেনা মুখ দেখলে এখন মুখ লুকিয়ে পালাই।।

(৩৩) নিজেকে খুঁজতে যাস না তুই আমার লেখা কবিতায় ,
আমার ছন্দে হারিয়ে গিয়ে একটু আমার হবি আয়।
আমার প্রতি শব্দ হাসে তোর দেওয়া প্রতি ঘা'এ ,
তোর কমতি লুকিয়ে আছে আমার বাড়তি প্রতিভায়।।

(৩৪) মন প্রাণ দিয়ে আমি ঘেন্না করি তোমায় ,
তোমার চেয়ে বেশি পরিচ্ছন্নতা নর্দমায়।
এই অনুভূতি হয়েছে আমার তোমার সাথে থাকাতে ,
যে ঘেন্না করে আজকে আমার তোমার দিকে তাকাতে।।

(৩৫) দিয়েছ্ছো তত ক্ষত তুমি দিতে পেরেছো যত ,
আমার জীবন করেছো তুমি নরকে পরিণত।
ঘেন্না করে নিজের মুখে আনতে তোমার নাম ,
আপসোস হয় যে আমি তোমায় ভালোবেসেছিলাম।।

(৩৬) তোমার থেকে আর আমি আশা করি না কিছু ,
কারণ বুঝেছি তোমার মানসিকতা কত নীচু।
সম্পর্কে আত্মীয় হলেও আমাদের নেই মনের মিল ,
তাই তো তোমায় করেছি আমি মন থেকে বাতিল।।

(৩৬) নিজের ভাবনার সাথে নিজে প্রতিদিন করি হাতাহাতি ,
যাতে কোনোভাবে পরিস্থিতি বদলাতে পারি রাতারাতি ।
সারাদিনের পাওয়া ঘা হাসি মুখে আমি ধুই ,
আগামীকালের কিছু ভালোর আশা নিয়ে রাতে শুই।।

(৩৭) মনের দেওয়ালে এখনো লেগে আছে রক্তের ছাপ ,
কিন্তু এখনো তার হয়নি কোনো অনুতাপ।
যতই তাকে যুক্তি দেখিয়ে উচিত কথা বল ,
তবুও সে থাকবে নিজের সিদ্ধান্তে অটল।।

(৩৮) চেষ্টা করেও আমি তোকে ভুলতে পারি না কিছুতেই ,
যদিও জানি তোকে মনে রেখে লাভ কিছু নেই।
বামুন হওয়া সত্ত্বেও চেষ্টা করি চাঁদকে ছুঁতে ,
চোখ ঝলসে যায় হঠাৎ চমকানো বিদ্যুতে।।

(৩৯) তোমার জন্য জীবনে আমি অনেক কিছু হারিয়েছি ,
তবুও সবসময় আমি তোমার পাশে দাঁড়িয়েছি।
কিন্তু শেষ পর্যন্ত যখন জীবনে তোমাকেই হারালাম ,
হাসি মুখে গভীর খাদে পা'দুটিকে বাড়ালাম।।

(৪০) আজকাল আমাদের চতুর্দিকে যে সব ঘটনা ঘটে ,
অবিশাস্য তা হলেও সম্ভব বর্তমান প্রেক্ষাপটে।
ফুলের গন্ধ না শুঁকে যাদের স্বভাব ফুলকে ছেঁড়া ,
সেই মানুষই নাকি জগতের সকল প্রাণীর সেরা।।

(৪১) কনকনে শীতের রাতে তুই ছিলিস আমার কম্বল ,
আজকে তোর স্মৃতি কেবল আমার শেষ সম্বল।
এত বেশি গাঢ় ছিল তোর আসক্তির নেশা ,
যে আজ পর্যন্ত তা আমার শিরায় শিরায় মেশা।।

(৪২) তুই ছিলিস আমার প্রতিটি লেখা পড়াতে ,
তুই ছিলিস জীবনের প্রতিটি ভাঙা গড়াতে।
তুই ছিলিস আমার লেখা ছন্দহীন ছড়াতে ,
তাই তো সরে এসেও পারিনি তোকে আমি সরাতে।।

(৪৩) তোমার গুরুত্ব লোকের কাছে হবে তত কম ,
যত বেশি করবে তুমি দহরম মহরম।
কখনো চেষ্টা করো না জগতে হওয়ার সবার প্রিয় ,
সবার প্রয়োজনে এলে নিজেই হবে অপ্রয়োজনীয়।।

(৪৪) বাস্তবের সাথে সাহিত্যের দেখাতে গিয়ে মিল ,
আজকে আমাদের লেখকগোষ্ঠী নাকি অশ্লীল।
কিন্তু তবুও তারা লিখে চলে ফুলিয়ে বুক ,

কারণ অন্তত তারা মিথ্যে বেচে না অহেতুক।।

(৪৫) পাশবিকতার এই জগতে হয়েছে মানবিকতার হার ,
মানুষের থেকে অনেক ভালো জন্তু জানোয়ার।
পাপ লোকাতে মিথ্যে বলি ফুলিয়ে নিজের ছাতি ,
চোখ রাঙিয়ে দিনে দুপুরে করে চলি ডাকাতি।।

(৪৬) যদিও আজকের দিনে আমার নেই আপনজন ,
তবুও তাদের স্মৃতিরা আমায় করে জ্বালাতন।
যত চেষ্টা করি কাটাতে অতীতের সব টান ,
স্মৃতিরা করে দুই সময়কালে সেতুনির্মান।।

(৪৭) বোকা বলেই হয়তো জীবনে চেয়েছি আমি সব ,
অভিজ্ঞতায় কঠিণ বাস্তব করেছি অনুভব।
প্রতিটি পদে আঘাত পেয়ে মন হয়েছে ক্ষত ,
বাস্তবের কাছে নীতিকথাগুলো খেয়েছে থতমত।।

(৪৮) আমার থাকা না থাকায় তোর কি-ই বা যায় আসে ,
তোর জীবন ঠিকই কেটে যাবে অনায়াসে।
কেউই জীবনে কারুর চিরকালীনের সাথ পায় না ,
তবুও কাউকে ছাড়া কারুর জীবন আটকায় না।।

(৪৯) সারাদিন ধরে খুঁজতাম আগে যার মিষ্টি ঠোঁট ,
আজকে সেই ঠোঁটের চুমুই লাগছে গুমোট।
শুকিয়ে যাওয়া চোখের জল নাটক করে মুছি ,
কে কি ভাবলো আমার তাতে করেছে নিকুচি।।

(৫০) চতুর্দিকে চতুর প্রাণীর চতুর সমারোহ ,
বুদ্ধিজীবীর থেকে চতুর হওয়ায় আগ্রহ।
বিশ্বাসের নামে আজকাল সমাজে চলছে ধাপ্পাবাজি ,
কাজ বাগানোর নানারকম চতুর কারসাজি।।

(৫১) মদের স্বাদ খোঁজার চেষ্টা করেছি আমি দুধে ,
রোগ নিবারণ করার চেষ্টা করেছি ভুল ওষুধে।
ভুল খোঁজার চেষ্টা করেছি যাত্রার প্রতি পদে ,
বুঝতে পারিনি আসল শিকল ছিল গোড়ায় গলদে।।

(৫২) ভয় পাই যদি তোকে ভালোবেসে ফেলি ,
ভয় পাই ভেবে বুঝি এই কাছে এলি।
তোকে পেলে হয়তো লাভ করবো আমি আরোগ্য ,
কিন্তু আমি নাই তোর প্রাপ্য নাই যোগ্য।।

(৫৩) প্রতিভার স্পর্শ পেতে যখন মনের ভেতরে ডুবি ,

স্বপ্নেরা লাগে এলোমেলো আর চিন্তাগুলো আজগুবি।
অগোছালো এই অস্তিত্বে খুঁজতে শৃঙ্খলতা ,
কেবল বুঝতে পারি আমি নিজের অক্ষমতা।।

(৫৪) ব্রাহ্মণ হোক বা শুদ্র হোক বা বৈশ্য হোক বা ক্ষত্রিয় ,
ঈশ্বরের চোখে জগতের সকল মানুষ সমগোত্রীয়।
নিজেদের স্বার্থে মানুষেরা সৃষ্টি করেছে বিভেদের বিষ ,
কারণ রাজার ক্ষতি যদি প্রজাদের মধ্যে থাকে মিলমিশ।।

(৫৫) ভণ্ডামির জটিল গোলকধাঁধায় হারিয়ে গেছে সততা ,
মানুষের সাধারণ দায়িত্ব হয়ে উঠেছে মহানুভবতা।
মিথ্যে প্রশংসা অহংকারের হয়েছে গর্বধারিণী ,
মানুষ হয়ে জন্মেও আমরা মানুষ হতে পারিনি।।

(৫৬) কিসের ক্ষোভ , কিসের আক্রোশ , কিসের প্রেমের টান ,
সবকিছুই অনুভূতিদের ক্ষনিকের আহ্বান।
জগতে কেউ শত্রু হয় না কেউ হয় না মিত্র ,
একে অপরের জীবনের গল্পে আমরা কেবল চরিত্র।।

(৫৭) আমার প্রতিভার কারণ হলো আমার পাওয়া ক্ষত ,
তবুও শুনি আমার প্রতিভা নাকি জন্মগত।
জন্মে-মরণে সবাই এক , জীবনেই যত পার্থক্য ,
অভিজ্ঞতাই আনে জীবনে কম বয়সে বার্ধক্য।।

(৫৮) নিজের মনের ওপর আমার নিজেরই নেই জোর ,
তোর প্রেমের নেশায় আজকে আমি নেশাখোর।
মনে চেপে দুঃখ ঠোঁটে হাসি ফোটাতে পারি ,
দুঃখ ভোলাতে ছন্দ আজকে আমার সহকারী।।

(৫৯) প্রতিটি মুহূর্তে ব্যথা পেয়েছি , বেদনা করেছে ক্ষত ,
ঘা'এর কথা বাদ ও দি যদি , ব্যথা'টা তো মূলত।
নিজের মনের কড়া বিষ সাহিত্যের পাতায় ঢেলে ,
বিষের বীজ পুঁতেছি আগামী প্রজন্মের আক্কেলে।।

(৬০) ভালো লাগে একেলা বসে চাঁদের দিকে তাকাতে ,
ভালো লাগে ভিড়ের থেকে থাকতে আমার একাতে।
একাকিত্বের নেশায় আমি থাকতে চাই আচ্ছন্ন ,
কারণ বুঝেছি সম্পর্কের মায়াজাল নয় আমার জন্য।।

(৬১) অন্যকে জীবনে ছোট করার যতই চেষ্টা করো ,
তাতে কখনো নিজে জীবনে হওয়া যায় না বড়ো।
তাই না চেষ্টা করে করতে অন্যকে অপদস্থ ,
নিজেকে মানুষের মতন মানুষ করতে হও মনস্থ।।

(৬২) জামাকাপড় দিয়ে বিচার করিস না কারুর চরিত্রের ,
মনের সংকীর্ণতার এবার সকল বাঁধন ছেঁড়।
সময় এসেছে বদলে ফেলার বিচারের মাপকাঠি ,
ঋদয়ের স্থলে সত্যের উজ্জ্বল জ্যোতি গাড়ুক ঘাঁটি।।

(৬৩) কিছু আমি হারিয়েছি , কিছু পেয়েছি কুড়িয়ে ,
ভেবেছি হেরে গেছি তবুও যায়নি আমি ফুরিয়ে।
যত এগিয়েছি তত পেছনে দেখেছি ঘাড় ঘুরিয়ে ,
অতীতের সব অনুভূতিদের ধোঁয়ায় দিয়েছি উড়িয়ে।।

(৬৪) দেখোনি তার সব স্বপ্নের মুখ থুবড়ে পড়াটা ,
দেখোনি তার মুখ বুজে সবকিছু সহ্য করাটা।
দেখোনি তার বড়ো বংশে বার বার ছোট হওয়াটা ,
দেখোনি তাকে ভালোবাসার বদলে ভিক্ষায় দেওয়া দয়াটা ।
দেখোনি তার আলতা পায়ে বাঁধা অদৃশ্য দড়িকে ,
দেখোনি তার জীবনের আশা আকাঙ্ক্ষার থামা ঘড়িকে।
দেখোনি কিভাবে কষ্ট দিয়েছো নিজের ঘরের পরীকে ,
দেখোনি পেয়েও হারিয়ে ফেললে নিজের কাদম্বরী'কে।।

(৬৫) মনের ভেতরেই রেখে দিয়েছি মনের সকল কষ্ট ,
পরিহাসের ভয়ে অনুভূতিরা থেকেছে হয়ে আড়ষ্ট।
যত করেছি বিশ্বাস তত বিশ্বস্ত এসেছে কমে ,
অভিযোগ লিখতে লিখতে কালি ফুরিয়েছে কলমে।।

(৬৬) স্বার্থপর এই জগতে আজকে প্রতিটি মানুষ ধূর্ত ,
স্বার্থসিদ্ধির উদ্দেশ্যে ব্যয় হয় প্রতি মুহূর্ত।
সঙ্গী থাকা সত্ত্বেও দরকারে পায় না কেউ সঙ্গ ,
অঙ্গে বস্ত্র থাকা সত্ত্বেও চরিত্রের দিকে উলঙ্গ।।

(৬৭) প্রতিভা নষ্ট হয়ে যায় প্রতিযোগিতার প্রকোপে ,
তাই ভুলেও পা ফেলতে যেও না সেই টোপে।
কখনো অন্যের সাথে তুলনা করতে যেও না নিজের ,
নিজস্বতা হারিয়ে যাওয়ার পাওয়াও যায় না টের।।

(৬৮) যখনি তোমাকে করেছি স্মরণ ,
অনুভূতিদের লাগে শিহরণ।
বুঝি না প্রাণের এ কি ধরণ ,
অবাক লাগে নিজেরই আচরণ।।

(৬৯) যতই আমরা করি না কেন কপালকে অগ্রাহ্য ,
তবুও ভাগ্যে যা লেখা , তা অনিবার্য।
যদিও আমরা নিয়তির কাছে সবাই কুপোকাত ,

কিন্তু সেটা নয় কিছু না করার অজুহাত।।

(৭০) বাক্যে তোমার জটিলতা , মনে মাকড়সার জাল ,
নিজের স্বার্থে নির্দ্বিধায় অপরকে করো নাজেহাল।
কি করে চোখেতে চোখ রাখো , কি করে ফোলাও বুক ,
যখন জানো মনেতে নিজে তুমি করো বড়ো মিথ্যুক।।

(৭১) মানুষেরা আজ স্বার্থসিদ্ধির জমিয়েছে ভালো পসার,
মনের ভেতরের মানবিকতা আজ পুরোপুরি অসাড়।
বুকে জড়ানোর নাম করে পিঠে'তে মারে ছুরি,
ভালোবাসার নামে আজ জগতে চলছে ছল চাতুরী ॥

(৭২) লড়াইয়ের পর লড়াই করে এবার গেছি হাঁপিয়ে ,
তবুও বাস্তব তুলে ধরতে কবিতা গেছি ছাপিয়ে।
হয়তো অতিরিক্ত সত্যি বলে অনেক'কে দিয়েছি রাগিয়ে ,
তবুও খুশী আছি আমি তাদের দেখানো পথে না গিয়ে ॥

(৭৩) ভালো ছাত্র ছিলাম বলে ছিলাম দেখানোর পাত্র ,
আমার প্রতি ভালোবাসা তোমাদের ছিল না লেশমাত্র।
আমাকে নিয়ে অহংকার করে নিজেদের বুক ফুলিয়েছো ,
আমাকে তোমরা ঘরের দামী জিনিসের সাথে গুলিয়েছো ॥

(৭৪) ঝরানো চোখের জলের মূল্য একদিন হবে চোকাতে ,
কত পারা যায় শোকাতে আর কত পৱ যায় লোকাতে।
কত করা যায় ক্ষমা আর কত পারা যায় এড়াতে ,
সবকিছুই বন্দী হয়ে থাকে সময়ের ক্যামেরা'তে ॥

(৭৫) ন্যায়ের আদর্শে জীবন পথে চলা খুবই কঠিণ ,
প্রতি পদে হতে হয় বাধা বিপত্তির সম্মুখীন।
কখনো নিজের পরিবারের সাথে লড়ে হতে হয় পান্ডব ,
কখনো থাকতে হয় শান্ত , কখনো করতে হয় তান্ডব ॥

(৭৬) নিজের কাজ করতে নিয়ো না অন্যের অনুমতি ,
তাতে হয় সময় নষ্ট আর নিজেরই কাজের ক্ষতি।
নিজের চোখেতে চোখ রেখে থাকো বিবেকের কাছে খাঁটি ,
সবাইকে খুশী রেখে নিজে খুশী থাকা সোনার পাথর বাটি ॥

(৭৭) স্বাধীনতা সংগ্রামীদের কথা আমাদের কেন পড়ে না মনে ,
কেন তাদের নাম আসে কেবল রাজনৈতিক আন্দোলনে ?
আমাদের স্বাধীন জীবন দিতে যারা জীবন কাটালো কষ্টে ,
কেন তাদের মনে করি কেবল ১৫ ই আগস্টে ??

(৭৮) লিখছি কত কবিতা আমি লিখছি কত গান ,

একদিন সবকিছুরই হবে অবসান।
তবুও এই আশায় করে যাই নতুন রচনা,
যে প্রত্যেক সমাপ্তর পর হয় এক নতুন সূচনা।।

(৭৯) নীতিকথাদের বইয়ের পাতায় রেখেছো ছিপি এঁটে,
দৈনন্দিন জীবন থেকে তাদের ফেলেছো ছেঁটে।
মন ও মাথার লড়াইয়ে আজ মানুষ গেছে ঘেঁটে,
নীতিকথাদের স্থান আজ কেবলই ইন্টারনেটে।।

(৮০) যখনই আমি চেষ্টা করেছি করতে তোকে স্পর্শ,
আমাদের মাঝখানে দেওয়াল হয়ে দাঁড়িয়েছে আমার আদর্শ।
জানিনা এটা ভয় নাকি কোনো প্রলাপ পাগলের,
বর্তমানে আমি বেঁচেছি আঁকড়ে আদর্শ মান্ধাতা আমলের।।

(৮১) বারংবার ভুল করে চেয়েছো তুমি ক্ষমা,
বুঝিয়েছো এ জগতে নাটকের কতটা রমরমা।
কখনো চেষ্টা করনি সারাতে নিজের নোংরা রোগ,
কেবল চেষ্টা করেছো আদায় করতে নতুন সুযোগ।।

(৮২) নিজের লেখার ভালো খারাপের করি না আমি বিচার,
কারণ আমি হতে চাই না প্রতিযোগীতার শিকার।
আমি সেটাই লিখি যেটা লিখতে ইচ্ছে করে,
আমার কাছে ভাবনাই আগে, ভালো খারাপ পরে।।

(৮৩) আমার লেখার নেই ধরণ, নাই আছে কোনো ছক,
কখনো আমি কবি তো আমি কখনো লেখক।
কখনো লিখি বাস্তব তো কখনো লিখি মেকি,
কখনো পারদর্শী তো কখনো অকর্মণ্যের ঢেঁকি।।

(৮৪) নিজের চোখের জলে ভিজিয়ে দে এই পৃথিবীকে,
গাঢ় রংদের ভিজিয়ে আজ করে দে তুই ফিকে।
হিংসার আগুণ জ্বলছে আজ পৃথিবীর চতুর্দিকে,
প্রকৃতির কাছেই অনুরোধ করছি বাঁচাতে প্রকৃতিকে।।

(৮৫) মানুষ জন্ম নিয়েও আমরা হয়েছি যান্ত্রিক,
নিজেদের জীবন করে তুলেছি খুবই মর্মান্তিক।
শব্দের আকাল বাধা সৃষ্টি করে ভাবের প্রকাশে,
মানুষের মধ্যে মানবিকতা খোঁজে যে ব্যক্তি বোকা সে।।

(৮৬) আজকের দিনে যদি তুমি আমার না হতে,
তাহলে কি আমি বিশ্বাস করতাম মানত'এ?
সৌভাগ্য কি আকস্মিক নাকি পূর্বপরিকল্পিত,
প্রশ্ন করছি বটে কিন্তু উত্তর জানতে ভীত।।

xiv

(৮৭) নিজের জন্যই আর কিছু করতে ইচ্ছে করে না ,
মনের মতন সবকিছু পেয়েও যেন মন ভরে না।
স্বাস্থ্যকরখাবার খেয়েও বাড়ছে না কোনো পুষ্টি ,
সবকিছুর মধ্যেই যেন এক অদ্ভুত অসন্তুষ্টি।।

(৮৮) মুখে বলতে পারি না বলেই লিখে চলি কবিতা ,
মূল কথায় আসার আগে দি লম্বা ভণিতা।
সময় নষ্ট না করে আমিও বলতে চাই আসল কথা ,
কিন্তু সেটার আজ্ঞা দেয় না সামাজিক অভিজ্ঞতা।।

(৮৯) ভালোবাসা হোক এমন যাতে থাকবে অনুপ্রেরণা ,
সে তোমায় ছেড়ে চলে গেলেও তুমি তাকে ছেড়ো না।
তার অনুপস্থিতিতে কখনো তোমার ভালোবাসা যেন না কমে ,
ভালোবাসার জয় ফুটে উঠুক ত্যাগের মাধ্যমে।।

(৯০) আজকের দিনে কি আর মানবিকতা বেঁচে নেই ?
আজকের দিনে কি সব মানুষ একই রকম সেই ?
আজকের দিনে কি আমরা সবাই এতটাই দিশেহারা ?
আজকের দিনে কি বাঁচার নিয়ম অপরকে পিষে মারা ??

(৯১) আজকের দিনে মানুষের জিভ হয়েছে ধারালো ,
যা মানুষের সাথে মানুষের দূরত্ব আরো বাড়ালো।
যতই শুনতে চাই না কেন আমরা কঠিন সত্যি ,
কিন্তু মুখের ওপর বললে আমাদের মানতে আপত্তি।।

(৯২) যখন কেউ বলে সে আমার প্রতি গর্বিত ,
তখন মনে হয় জীবনে অন্তত কিছু তো আমার অর্জিত।
জগতের সকল পার্থিব টানের থেকে যদিও বঞ্চিত ,
তবুও অন্তত কিছুটা হলেও ভালোবাসা আছে সঞ্চিত।।

(৯৩) চোখের জল শুকিয়ে গেছে কিন্তু হাসি আসে না ,
কাছে আছিস তবুও যেন মনে হয় তুই পাশে না।
আর প্রয়োজন অনুভব করি না তোর জন্য খ্যাপার ,
মনকে বুঝিয়েছি মনে পড়াটা পুরোপুরি মনের ব্যাপার।।

(৯৪) প্রেমের কবিতা লিখছি মানেই নয় যে প্রেমে পড়েছি ,
আকাশকুসুম চিন্তাভাবনা ছন্দের তালে গড়েছি।
কবিতার সাথে কবির নাই বা থাকতে পারে মিল ,
কিন্তু সেটাই বোঝাতে গিয়ে আমি হয়েছি কাহিল।।

(৯৫) যদি নিজের জীবনে শান্তি পেতে চাও ,
তাহলে সবকিছু ভগবানের ওপর ছেড়ে দাও।

যত চেষ্টা করবে জিনিস নিতে নিজের হাতে ,
তত হবে নাস্তানাবুদ ভাগ্যের উৎপাতে।।

(৯৬) যেহেতু গতানুগতিকতার সাথে অমিল আমার মতে ,
তাই তো আমি দোষী সাব্যস্ত জগতের আদালতে।
যেখানে জটিল মিথ্যে চাপে সত্যির সব দলিল ,
সেখানে আমার জীবনযাপন খুবই সাবলীল।।

(৯৭) আজকালকার দিনে বেশিরভাগ প্রেমই যাচ্ছে চুলোয় ,
প্রেম বজায় রাখা কি আর সবার পক্ষে কুলোয়।
তীক্ষ্ণ প্রেমও সময়ের সাথে সাথে হয়ে যায় ভোঁতা ,
সবার কি আর থাকে প্রেমে ত্যাগ করার ক্ষমতা ??

(৯৮) উৎসর্গ করার জন্য খুঁজে পাচ্ছি না কারুর নাম ,
কারণ ঘাম ঝরানোর সময় কেউ দেয়নি দাম।
আমার যাত্রাপথে সবাই চেয়েছে আমার হার ,
তাই সাফল্যে কেন কাউকে করবো অংশীদার ??

(৯৯) আপাদমস্তক ঢাকা মানেই সে খুব পবিত্র ,
ছোট জামাকাপড় পড়ে মানেই সে দুশ্চরিত্র।
যারা চরিত্রের বিচার করে জামাকাপড়ের মাপে ,
তাদের মানুষ বলে ডাকতেও আমার ঠোঁট কাঁপে।।

(১০০) মনের ভেতর এতো দুঃখ কষ্ট আছে জমানো ,
যে সারাজীবনেও যাবে না সেই ব্যথাদের কমানো।
কাঁদতে কাঁদতে দুই চোখের জল গেছে শুকিয়ে ,
না নেওয়া ঋণ গেছি দিনের পর দিন চুকিয়ে।।

(১০১) একটা বাজে মানুষ যদি তোমায় সত্যিকারের ভালোবাসে ,
তাহলে কি তার বাজে কাজদেরও থাকবে তুমি পাশে ?
বাজে কাজদেরকে কি চাপা যায় প্রকৃত ভালোবাসা দিয়ে ?
একটা পুণ্য কি দিতে পারে একটা পাপ মিটিয়ে ??

(১০২) জগতের কাছে যতই তুমি হও না কেন মস্ত ,
কখনো চেষ্টা করো না করতে অপরকে অপদস্ত।
আলাদা হলেও ঈশ্বরের কাছে আমরা সবাই সমান ,
শ্মশানে পড়া ছাই দেয় সেই সত্যের প্রমাণ।।

(১০৩) ছিলাম যখন ঘুমের ঘোরে ,
লুটে নিয়ে গেলো সব চোরে ।
উঠলাম যখন কাক ভোরে ,
ভাবলাম এ হলো কি করে।।

(১০৪) কবিতা পড়লেই বোঝা যায় না কবির মনে কি চলে ,
সাঁতার কাটলেই দেখা যায় না কি আছে অতলে।
মনের সমুদ্রের গভীর অতলে প্রকান্ড আগুন জ্বলে ,
যা নেভাতে পারে না পৃথিবীর কোনো দমকলে।।

(১০৫) মনের গোপন কথা আমি পারিনা মুখে বলতে ,
পাথর হয়ে অভ্যস্থ বলে পারিনা সহজে গলতে।
জীবন কাটাই অনুভূতিদের আগুনে জ্বলতে জ্বলতে ,
বাস্তবিকতা হারিয়ে ফেলি নেশায় টলতে টলতে।।

(১০৬) আর আমার কবিতা লিখতে ভালো লাগে না ,
আর আমার মনে কোনো আশা জাগে না।
সারাজীবন হয়ে থেকেছি মধ্যবিত্ততার ভৃত্য ,
অন্ধকারেই সূচনা আমার অন্ধকারেই শেষকৃত্য।।

(১০৭) অনুভূতিদের জমিয়ে যতই লিখি না কেন বই ,
আজকের দিনে সেই বইদের পড়ার মানুষ কই ?
বই কেনার মাপকাঠি আজকেরদিনে লেখকের সই ,
বাস্তবকে অগ্রাহ্য করে বিশ্বাস নিয়ে হয় হইচই ।।

(১০৮) হৃদয়ের গভীর স্থলে , কত কিছুই না চলে ,
মুখ তবুও থাকে শান্ত।
মন অঝোরে কাঁদে , প্রতিদিনের দুঃসংবাদে ,
মানুষ আজ ভারাক্রান্ত।।

(১০৯) তুমি থাকলে জীবনটা একটু আলাদা হতে পারত ,
হয়তো খুব কষ্ট পেতাম ,
হয়তো আমি ভেঙে যেতাম ,
তবুও জোড়া মুহূর্তগুলোর গুরুত্ব একটু বাড়ত ,
তুমি থাকলে জীবনটা একটু আলাদা হতে পারত।।

তুমি থাকলে জীবনটা একটু আলাদা হতে পারত ,
হয়তো আমি নরকে ঢুকতাম ,
হয়তো কঠিন রোগে ভুগতাম ,
তবুও তোমার সাথে পেলে সেই কঠিন রোগও সারতো ,
তুমি থাকলে জীবনটা একটু আলাদা হতে পারত।।

তুমি থাকলে জীবনটা একটু আলাদা হতে পারত ,
হয়তো সবাই চলে যেত ,
হয়তো আপসোস গিলে খেত ,
তবুও আমাদের সম্পর্কের কাছে বাকি সম্পর্কগুলো হারতো,
তুমি থাকলে জীবনটা একটু আলাদা হতে পারত।।

(১১০) কখনো পারবো না তোর জায়গায় অন্য কাউকে বসাতে ,
হাসি পায় এখন আমার নিজের দুর্দশাতে।
এখনো পারিনি তোর ঘা থেকে কাটিয়ে উঠতে ,
নাই পেরেছি সামনে করতে , নাই পেরেছি ছুটতে।।

(১১১) একবার বলে দে যে আমি তোর কে হই ,
তা না হলে বলে দে যে আমি তোর কেউ নই।
অনুভূতিদের বোঝা খুবই কষ্টকর ,
যেটা নষ্ট করার সেটা নষ্ট কর।।

(১১২) খালি রাস্তায় চোখ রাখি তোর প্রতীক্ষায় ,
হিসাব মেলাতে ভুল হয় জীবন সমীক্ষায়।
ছন্দের আড়ালে লুকিয়ে রাখি নিজের মনের ভাব ,
ক্ষতির মধ্যেও খুঁজেনি ছোট্ট কোনো লাভ।।

(১১৩) আর আমার মনে কেউ কাটতে পারে না দাগ ,
আর নিজের অনুভূতি করি না কারুর সাথে ভাগ।
নাই ভালোবাসি নাই বা কারুর ওপর করি রাগ ,
নাই করি কাউকে ঘেন্না , নাই করি কাউকে সোহাগ।।

(১১৪) এখনও স্মৃতি পায়নি তোর কবল থেকে রক্ষে ,
এখনও তুই বিরাজমান মনের গোপন কক্ষে।
এখনও তুই পৌঁছতে দিসনি আমাকে নিজের লক্ষ্যে ,
কারণ অতীত ভোলা সম্ভব নয় আমার পক্ষে।।

(১১৫) ঠিকের থেকে এখন বেশী বলা হয় ভুলভাল ,
সত্যির থেকে এখন বেশী বলা হয় গুলগাল।
মিষ্টি মিথ্যের আড়ালে লোকায় চোখ ধাঁধানো তথ্য ,
কঠিণ সত্যি আজকের দিনে হয়েছে অকথ্য।।

(১১৬) এতো বেশী দেখিয়েছো আমায় ব্যর্থতার ভয় ,
যে নিজের স্বপ্নের প্রতিই হইনি নিশ্চয়।
দিনের পর দিনের মানসিক নির্যাতনে গেছি দমে ,
নিজেদের স্বপ্ন পূরণ করতে চেয়েছো আমার মাধ্যমে।।

(১১৭) ভিড়ের মধ্যেও একেলা সে সমাজের কাছে হেরে ,
একবার যাওয়া মানুষ কি আর এক মানুষ হয়ে ফেরে।
সময় নিয়েছে তার থেকে যে সব সম্পদ কেড়ে ,
বাঁচা অভ্যাস করেছে সে সেই সব মোহ ছেড়ে।।

(১১৮) কিই বা যায় আসে যদি হঠাৎ করে মরে যাই ,
কিই বা যায় আসে মরার আগে কি করে যাই।

বিচারের সময় জানি ঠিকই হবে পক্ষপাতিত্ব ,
নিরপেক্ষ বিচার তো করে কেবল সাহিত্য।।

(১১৯) আমাদের দেশ জ্বলে পুড়ে হচ্ছে ছাই ,
কিন্তু মন্ত্রীরা ব্যস্ত তুলতে হাই।
ক্ষমতা থাকা সত্ত্বেও বদলাচ্ছে না ধাঁচ ,
কারণ ক্ষমতাশালীদের গায়ে লাগছে না কোনো আঁচ।।

(১২০) এবার নেবো নিজেকে সবার থেকে গুটিয়ে ,
পাঁকের মধ্যেও নিজেকে পদ্ম রূপে তুলবো ফুটিয়ে।
আমার আত্মবিশ্বাস দেখে কুঁচকেও না ভুরু ,
তোমার যেখানে শেষ আমার সেখান থেকে শুরু।।

(১২১) মন যাক ফেটে , সময় যাক কেটে ,
পৃথিবী গোল হলেও যাবো সোজা হেঁটে।
যদিও একই জায়গায় এসে হবো উপস্থিত ,
তবুও অর্জিত অভিজ্ঞতা হবে আমার জিত।।

(১২২) আর প্রয়োজন অনুভব করি না এই জীবনে বাঁচার ,
আক্ষেপ ভর্তি জীবনে সব স্বপ্নেরা হয়েছে পাচার।
হতাশায় লিপ্ত দীর্ঘশ্বাস আর সব হিসাবেই ক্ষতি ,
ভাবিনি কখনো জীবনের হবে এতটা অবনতি।।

(১২৩) আমি মরে যাই প্রতিটি সকালবেলায় ,
মৃতদেহ হয়ে উঠি গতানুগতিকতার ঠেলায়।
নাকে হয় সুরসুরি কিন্তু পারিনা হাঁচতে ,
নিশ্বাস নিয়ে চলি কিন্তু পারিনা বাঁচতে।
ঘড়ির কাঁটা এগোয় কিন্তু পাল্টায় না সময় ,
ঠোঁটের হাসি মনের শান্তির প্রমান তো নয়।
আমার চরম আর্তনাদের দাওনি কেউ সাড়া ,
তাই তো নিজের ক্ষোভ প্রকাশ করি ছন্দের দ্বারা।।

(১২৪) তোমাকে কতটা ভালোবাসি সেটা পারবো না আমি বোঝাতে ,
মাথা থেকে তোমার প্রেমের ভূত নামবে না কোনো ওঝা'তে।
তুমিই আমার উপোসে আর তুমিই আমার রোজা'তে ,
তুমিই আমার সন্ধান আমার দু'চোখের যে কোনো খোঁজাতে।।

(১২৫) ভালোবাসা যদি কখনও করতে হয় প্রমাণ ,
সেই ভালোবাসা অপমানিত হওয়ার সমান।
ভালোবাসা পেতে কখনও চেও না তুমি ভিক্ষা ,
প্রকৃত ভালোবাসায় কখনও হয় না অগ্নিপরীক্ষা।।

(১২৬) একদিন আমার যন্ত্রনা তুইও অনুভব করবি ,

আমার মতন একদিন তুইও কারুর প্রেমে পড়বি।
মনপ্রাণ দিয়ে তুইও নিজের স্বপ্নের জগৎ গড়বি ,
ঘুম ভাঙলে নিজের অনুভূতির সাথে নিজেই লড়বি।।

(১২৭) বিনা কারুর সাহায্যে কাজ করা আমার স্বভাব ,
অন্যের চোখে ভিখারি হলেও নিজের চোখে নবাব।
পেটে আমার খিদে আর পকেট আমার ছেঁড়া ,
তবুও নিজের সামর্থ্য অনুযায়ী চেষ্টা করি সেরা।।

(১২৮) সফলতা বা পরাজয় নিয়ে অত বেশী ভাবি না ,
আমার প্রতি অন্যের মতামত আমার খুশির চাবি না।
অভিজ্ঞতার সাথে সাথে এইটুকু তো বুঝাইছি ,
যে এই জগতে কারুরই কারুর প্রতি কোনো দাবি না।।

(১২৯) জানি নিজের চোখের জলের কখনও পাবো না দাম ,
তবুও চোখের জল বেরোলে মন পায় আরাম।
ঠোঁটে হাসি রাখতে হয় চোখেতে থাকলেও জল ,
জীবনে বাঁচার এ যেন এক অদ্ভুত কৌশল।।

(১৩০) বুকের ওপর পাথর রেখে , চোখেতে জমিয়ে ঢেউ ,
নিজেকেই আজকের দিনে মনে হয় অন্য কেউ।
কলমে খুঁজে সাথী আর কাগজে পেয়ে কোল ,
দুঃখের হাসি হেসে করছি নিজের জায়গা দখল।।

(১৩১) তারা'র থেকে মানুষ আজকে টাকা বেশী গোনে ,

খবরের থেকে মানুষ বেশী আগ্রহী বিজ্ঞাপনে।

শিক্ষা যত বাড়ছে মানুষের কমছে তত জ্ঞান ,

ভাতের থেকে আজকে বেশী দামী ভাতের ফ্যান।।

(১৩২) ফল পাবো না জানা সত্ত্বেও আপ্রাণ আমি খেটেছি ,

উদ্দেশ্যে পৌঁছবো না জানা সত্ত্বেও খালি পায়ে রোদে হেঁটেছি।

মানুষ হতে পারিনি বলেই বুঝিনি কখনো স্বার্থ ,

মানুষরূপী আমি যেন এক অদ্ভুত জড়পদার্থ।।

(১৩৩) চোখের নোনাজল পুরোনো আক্ষেপের কথা ভাবায় ,

কিভাবে মন ক্ষত হয়েছিল তোমার বাক্যের থাবায়।

তোমার জিভের ধারালো আঘাত ফাটিয়েছিল আমার বুক ,

তবুও তোমাকে পেতে মন চায় সেইদিন ফিরে আসুক।।

(১৩৪) অপরকে পবিত্রতার জ্ঞান দিয়ে নিজেই বিক্রি করেছো লজ্জা ,

অন্যকে বেশ্যা বলে নিজে প্রতিরাতে মানায় ফুলসজ্জা।

এক কথা বলে মুখে আর এক কথা রেখে মনে ,

সতী সেজে জগতের সামনে রাসলীলা করো গোপনে।।

(১৩৫) চেনা শহরের হারানো কিছু স্মৃতি ,

না পড়া কবিতা করে চলি আবৃতি।

কিছু ছন্দ মেলে কিছু পারিনা মেলাতে ,

ঘুম ওড়ানো স্বপ্ন জাগিয়ে রাখে রাত্রিবেলাতে।।

(১৩৬) কত ছিল স্বপ্ন , কত ছিল আশা ,

ব্যক্ত করার ভাবনা হারিয়েছে আজ ভাষা।

চরিত্রে ভরা জগতে , নাটকীয় সব টানে ,

সবকিছু সত্যি হয় না যা আসে কানে।।

(১৩৭) নিজের দুঃখের জন্য আমি নিজেই হলাম দায়ী ,

কারণ একটু ভালোবাসা পেলেই আমি ছুটে যাই।

একটু আদর পেলেই কুকুরের মতন ল্যাজ নাড়াই ,

অন্যের সাথে মিশতে গিয়ে নিজস্বতা হারাই।।

(১৩৮) ভালোবাসলে ভালোবাস , না বাসলেও ক্ষতি নেই ,

এটা ভাবিস না তোকে ছাড়া আমার কোনো গতি নেই।

আজকের দিনে কেউ কাউকে করে না অত গ্রাহ্য ,

সবাই জানে জগতে কেউ নয় অপরিহার্য।।

(১৩৯) বেঁচে থাকায় যখন আমি পেলাম না তোমার সঙ্গ ,

মরার পর করো না অত শ্রাদ্ধ নিয়মভঙ্গ।

মূল্যহীন জীবনে আর পেলাম না কোনো দাম ,

মোর মোর বেঁচেছি , আজ মরে গিয়ে বাঁচলাম।।

(১৪০) আমার মৃত্যুসজ্জায় দাঁড়িয়ো না আমার খাটের পাশে ,

তোমার নাম নিতে চাই না আমার শেষ নিঃশ্বাসে।

সব হারিয়ে চাই না কুড়োনো সম্বলের মানে খুঁজতে ,

স্বপ্ন নিয়ে চাই না চিরকালের মতন চোখ বুজতে।।

(১৪১) আমাকে পোড়ানোর পর আমার ছাই গঙ্গায় ভাসিয়ো না ,

মৃত্যুর পর সম্মান দিয়ে আমার আত্মাকে হাসিও না।

সামাজিক চাপে নিজের অনুভূতিদের বিরুদ্ধে দাঁড়িয়ো না রুখে ,

আমাকে পুড়িয়ে স্মশান থেকে বেরিয়ো হাসি মুখে।।

(১৪২) নত হতে পারিনি বলেই হয়েছি আমি ক্ষত ,

আমার জ্বালা যন্ত্রণা আমার একান্ত ব্যক্তিগত।

আমাকে খোঁজার চেষ্টা করো না মনের খালি মাঠে ,

আমি স্থান অধিকার করেছি শ্মশানঘাটের কাঠে।।

(১৪৩) কবিতার মধ্যে সত্যি কম , ভাবনাই থাকে বেশী ,

এই জগতে সব কবিরা হয় না সত্যান্বেষী।

লেখার সময় কবিরা অত ভাবে না ঠিক ভুল ,

সেটা হোক রবীন্দ্রনাথ বা হোক নজরুল।।

(১৪৪) খুব কষ্ট হয় আমার জীবনে তোমাকে ভুলতে ,

এর চেয়ে অনেক সহজ লাগে গলায় দড়ি দিয়ে ঝুলতে।

শেষ নিশ্বাস অবধি থাকবে তোমাকে পাওয়ার আশা ,

সম্পূর্ণ আমার জীবনে রইলো অসম্পূর্ণ ভালোবাসা।।

(১৪৫) চারিপাশে খুশির মাঝেও মনটা থাকে ভারী ,

নিজের সাথেই নিজে করে চলি মারামারি।

ছন্দের বালিশ সাজিয়ে নিজেকে বাক্যের চাদরে মুড়ি ,

নিজের চোখের নোনাজলে প্রতি মুহূর্তে নিজেই পুড়ি।।

(১৪৬) এই পরিণতিই হওয়া উচিত আমার মতন খ্যাপার ,

যে অন্যের ঝামেলাকে মনে করে নিজের ব্যাপার।

সম্পর্কের টানে চেষ্টা করে করতে অধিকার স্থাপন ,

গুলিয়ে ফেলে কে পর আর কে জগতে আপন।।

(১৪৭) আঘাত থেকে বাঁচতে চাইলে মানুষের থেকে সরো,

চেনা ভিড়ের মধ্যেও একা থাকার অভ্যাস করো।

প্রশংসায় পেও না আনন্দ , নিন্দায় করো না রাগ ,

নিজের অনুভূতি কখনো কারুর সাথে করো না ভাগ।

নিজের জীবনে কখনো কাউকে জায়গা দিও না ,

তোমার জীবনে তুমি ছাড়া আর কেউ প্রয়োজনীয় না।

মেলামেশার মাধ্যমে মানুষ খোঁজে নিজের ফায়দা ,

সম্পর্ক গড়া আজকেরদিনে নোংরামির নতুন কায়দা।।

(১৪৮) এই জগতে এটাই আমার সবচেয়ে বড়ো দোষ ,

যে কখনো কারুর কোথায় মানি না আমি পোষ।

তাই তো আজ আমার প্রতি অনেকেরই আক্রোশ ,

কারণ মেলামেশার সময় আমি পড়ি না মুখোশ।।

(১৪৯) ভালোবাসায় নাই কেউ হারে নাই জেতে ,

ভালোবাসা মানেই নয় যে তাকে হবে পেতে।

ভালোবাসতে গেলে উঁচু করো মানসিকতা ,

দুতরফায় সৌভাগ্য আর এক তরফায় সাহসিকতা।।

(১৫০) একে অপরের প্রতি যেহেতু আমাদের অনুভূতি ছিল খাঁটি ,

তাই তো আলাদা হওয়ায় পায়ের তলা থেকে সরলো মাটি।

ভিড়ের মধ্যেও এখন আমরা একেলা একেলা হাঁটি ,

আর স্মৃতিদেরকে নিয়ে করি ঘাঁটাঘাঁটি।।

(১৫১) এই জগতে বেঁচে থাকার বড়োই অদ্ভুত রীতি,

সময় যায় চলে কিন্তু যেতে চায় না স্মৃতি।

সময়ের চাকায় ঘুরতে ঘুরতে মধু হয়ে যায় বিষ,

নিজেরাই আমরা খুঁজে পাই না নিজেদের হদিস।।

(১৫২) ভাসা মেঘের আড়ালে আজ কত তারা'রা মৃত,

তবুও তারা করে চলেছে জগৎকে আলোকিত।

মৃত্যুর পরেও তারা নিজেদের ছাপ গেছে রেখে,

শেখার যাদের তারা ঠিকই শেখার জিনিস শেখে।।

(১৫৩) প্রতিনিয়ত কঠোর অভিজ্ঞতার হয়ে বশ,

মন হয়েছে পাথর, গলার স্বর কর্কশ।

এখন আমার চরিত্র আর আগের মতন নয়,

এখন জীবনের লক্ষ্য কেবল দিনগত পাপক্ষয়।।

(১৫৪) জীবনে আর আমি কারুর সাথ চাই না,

অন্যের ব্যাপারে আর আমি মাথা ঘামাই না।

কবিতা লিখে যাই যদি ব্যথা একটুও কমে,

নিজের জীবন বাঁচতে শিখেছি আমি নিজের দমে।।

(১৫৫) খালি মাথায় খোলা খাতায় কলম নিয়ে হাতে,

লিখেছি কিছু কবিতা যা দেওয়া যায় না পাতে।

ভাবছি লিখবো এমন কিছু যা হবে খুবই দামী ,

কিন্তু আমার মন ব্যস্ত করতে ফাজলামি।।

(১৫৬) এটা ভেবো না তোমার কিছুতে আমার যায় আসে না ,

দূরে আছি বলে এটা ভেবো না যে আমি তোমার পাশে না।

কোনো ভবিষ্যৎ ছিল না বলেই সম্পর্কে টেনেছিলাম দাঁড়ি ,

কিন্তু আমি ছিলাম আছি থাকবো চিরকাল তোমারই।।

(১৫৭) যদিও আমাদের কাটানো সময় ছিল খুবই কম ,

তবুও সেই সময়টুকু ছিল মনোরম।।

স্মৃতির প্রলোভন দেখিয়ে কাল দেয় আজ'কে ডাক ,

দুই সময়ের পার্থক্য আমায় করেছে অবাক।

সব কিছু থাকা সত্ত্বেও ভাগ্যে ছিল না যেহেতু ,

দুই হৃদয়ের মধ্যে গড়ে ওঠেনি প্রেমের সেতু।

অতীত হলো রত্ন , তাই করি তাকে যত্ন ,

বর্তমানে ঘুমোলেও আর দেখিনা কোনো স্বপ্ন।।

(১৫৮) অহংকার হয় আমার তোমাকে নিজের বলতে ,

বুক ওঠে ফুলে খুশীর নেশায় টলতে টলতে।

ভাবতে পারিনি আশীর্বাদ পারে এভাবে ফলতে ,

অনুভূতির পরিমাপ সঠিক হলে পাথরও পারে গলতে।।

(১৫৯) সাদা কাপড়ে আগমন , সাদা কাপড়ে বিদায় ,

সাদা ভাত'ই কাজে আসে আমাদের খিদায়।

এই জগতে বড়োই দুর্লভ হওয়া সিধাসাদা ,

শান্তির প্রতীকের রং পায় না যথার্থ মর্যাদা।।

(১৬০) মানুষের মধ্যে মনুষ্যত্ব পাওয়া খুবই কঠিণ ,

মানুষ ও মনুষ্যত্ব আজকেরদিনে সতিন।

মানুষ হয়ে জন্মেও আমরা হারিয়েছি মনুষ্যত্ব ,

পাতাল হয়ে উঠেছে যেটা সৃষ্টি হয়েছিল মর্ত।।

(১৬১) খেয়ালের খেয়া করে অজান্তের খোঁজে ,

একাকিত্বের সঙ্গে জীবন কাটিয়েছি সহজে।

নিঃসঙ্গতাকে মুড়েছি প্রতিভার মলাটে ,

আর মেনেছি যা লেখা আছে ললাটে।।

(১৬২) ভাগ্যক্রমে আমার আজ হলো এমন দশা ,

যে স্বভাব হলো সাদা পাতায় নীল কালি ঘষা।

কেউ বলে কবি তো কেউ বলে বিপ্লবী ,

কখনো কিছু বুঝিনা তো কখনো বুঝি সবই।।

(১৬৩) কবিতায় কেন ছন্দ নেই , গানে কেন নেই সুর ?

সময় কেন বেইমান এতো , কেন এতো নিষ্ঠুর ?

কেন যন্ত্রণা পেয়ে পেয়ে মানুষ হয়ে যায় যন্ত্র ?

কেন ক্রীতদাসত্বের নাম করা হয় গণতন্ত্র ??

(১৬৪) সিদ্ধান্ত নিতে অনেক সময় অসুবিধে হয় ,

হয় শক্তিক্ষয় আর হয় সময়ের অপচয়।

কিন্তু সময়ই শেখায় নিতে কঠিণ নির্ণয় ,

হারানোর কিছু না থাকলেই মানুষ হয় নির্ভয়।।

(১৬৫) মৃত্যু জাগায় মনে আশার কিরণ ,

হারানো আপনজনদের সাথে করায় মিলন।

সুযোগ দেয় অতীতে ফের ফেরত যাওয়ার ,

হারিয়ে যাওয়া সম্পদকে আবার ফেরত পাওয়ার।।

(১৬৬) চোখে নিয়ে জল কাটিয়েছি অনেক রাত ,

বুঝেছি মহানুভবতা আর বোকামির তফাৎ।

অন্যের আগে বুঝি এখন নিজের লাভ ক্ষতি ,

জীবনের আদালতে আমিও শিখেছি ওকালতি।।

(১৬৭) সামাজিক চাপে জোয়ারের সাথে যেও না তুমি বয়ে ,

খারাপের সাথে মিশতে মিশতে যেও না খারাপ হয়ে।

জীবন থেকে খারাপ জিনিসদেরকে দাও বাদ ,

রাক্ষসপুরীতে হওয়ার চেষ্টা করো প্রহ্লাদ।।

(১৬৮) মূর্তিপূজায় আমরা এতো বেশী মুগ্ধ ,

যে ঈশ্বর আজ আমাদের প্রতি ক্ষুব্ধ।

ঈশ্বরের কাছে যেতে যাচ্ছি মানুষের থেকে সরে ,

ভুলে যাচ্ছি ঈশ্বর থাকেন মানুষের'ই ভিতরে।।

(১৬৯) সময় যায় চলে , সঞ্চয় হয় না মুহূর্ত ,

স্মশানের জ্বলন্ত কাঠ বোঝায় জীবনের গুরুত্ব।

জীবনের আসল মানে বোঝায় মৃতদেহ ,

একাকীত্বের আপসোস অনুভব করায় ভীড়ের স্নেহ।।

(১৭০) চিরকাল কোন কিছুই কারুর নামে না ,

ক্ষণস্থায়িত্বের অস্তিত্বে কখনও সময় থামে না।

অভিজ্ঞতার সাথে সাথে হৃদয় হয়েছে পাষান ,

বুঝেছি যে কোনো পুজোর কঠিণ সত্যি হলো ভাসান।।

(১৭১) অন্যের মতামতকে করো না অত গ্রাহ্য ,

দরকারের সময় কেউ করবে না সাহায্য।

মানুষ জাতির সত্যি বড়োই বেদনাদায়ক ,

অভিনেতা ভর্তি কিন্তু নেই কোনো নায়ক।।

(১৭২) এটা ভেবো না কেউ কখনও সাহায্যের হাত বাড়াবে ,

পিছিয়ে পড়লে কেউ কখনও তোমার জন্য দাঁড়াবে।

সাহিত্যের জগৎ এক আর বাস্তবের জগৎ অন্য ,

আজকেরদিনের জগতে কেউ নয় কারুর জন্য।

কলিযুগের মানসিকতার মাত্রা আজকে চরম ,

নাই আছে বোধবুদ্ধি , নাই লজ্জাসরম।

নিজেদের জীবন নষ্ট করছি সময়কালের ভ্রমে ,

অসম্ভবকে সম্ভব করার নিষ্ফল পরিশ্রমে।।

(১৭৩) আপনজনেরাই ছুরি মারে পিঠে ,

নিজের লোকেরাই কেড়ে নেয় ভিটে।

কাছের মানুষেরাই দেয় গভীর শোক ,

গোবেচারা যারা , তারাই মারাত্মক।।

(১৭৪) আমিও দেখেছিলাম স্বপ্ন কোনো শান্তির ঘুমে ,

কল্পনাতে ভিত্তি করে অজ্ঞাত নিঝুমে।

বুঝতে পারিনি জগতে কে কাক আর কে কোকিল ,

যতটা আমি সিধাসাদা , জগৎ ততটাই জটিল।।

(১৭৫) যতই করো লোকের জন্য সেটা হয় কম ,

রমরমা পরিবেশেও গা করে ছমছম।

অনুভূতিহীন হৃদয় আর বুকে পাথরের চাপ ,

আমার মনের কথা লোকের কাছে পাগলের প্রলাপ।

নাই হয় আনন্দ আর নাই পাই দুঃখ ,

অনুভূতিতে মাতে যে , সে জন মূর্খ।

অভিজ্ঞতা শিখিয়েছে দিতে অনুভূতিদের ফাঁকি ,

যন্ত্রের মতন খাটি আর পাথরের মতন থাকি।।

(১৭৬) আমরা সবাই হলাম একে অপরের হাতের ঘুঁটি,

এই বিশাল জনসমুদ্রে ছোট ছোট পুঁটি।

কখনও হই চালিত তো কখনও করি চালনা,

এই জগতে সব চোখ ধাঁধানো জিনিস আলো না।।

(১৭৭) মানুষের জীবনের এ কি দূরবস্থা,

অভিমান মূল্যহীন আর মন সস্তা।

বৃষ্টিতে কাঁদে আর ভিড়েতে একা সে,

মিথ্যার রং গাঢ় আর সত্যি ফ্যাকাসে।।

(১৭৮) তোমার কথা ভেবে সেই ভাবনায় ডুবে থাকি,

আমার দিনের সূর্য তুমি আর রাতের জোনাকি।

গল্প করার মানুষ আর মাথা রাখার কোল,

সবকিছু হারানোর পর আমার শেষ সম্বল।

তুমি হলে দূর্গা আমি হবো তোমার শিব,

তোমায় ছাড়া আমি যেন একটা নির্জীব।

নিশ্চিন্ত ঘুমের স্বপ্ন আর সকালের প্রথম দৃশ্য,

তুমি আমার বিশ্ব, তোমায় ছাড়া আমি নিঃশ্ব।

আমার গানের সুর তুমি আমার কবিতার ছন্দ,

তোমায় না দেখতে পেলে মনে হয় নিজেকে অন্ধ।

আমার যত প্রতিভা সব তোমার কাছে ঋণী,

ওগো বিদেশিনী, আমিও তোমায় চিনি।

শর্তহীন সম্পর্কে অনন্তে চাই এগোতে,

নিজেকে হারিয়ে চাই পুরোপুরি তোমার হতে।

আমি সাধারণ মানুষ আর তুমি কল্পনার পরী,

বামুন হওয়া সত্ত্বেও চাঁদ ছোঁয়ার চেষ্টা করি।।

(১৭৯) কারুর কাছে প্রকৃতি তো কারুর কাছে সমুদ্রের নিশ্বাস,

মানুষের কাছে সত্যি হলো নিজ নিজ বিশ্বাস।

জানিনা তোমার সৃষ্টি কবে বা সৃষ্টিকর্তার কি নাম,

সকাল বিকেল দুপুর সন্ধ্যে নেই তোমার বিরাম।

নিকটে তোমার তান্ডব আর দূরেতে তুমি শান্ত,

শৈশব থেকেই মন আমাকে তোমার দিকেই টানত।

তোমায় দেখে বুঝলাম আমাদের মধ্যে কিসের যোগ,

নেওয়া জিনিস ফিরিয়ে দেওয়া আমাদের দুজনেরই রোগ।।

(১৮০) সবাই পড়েছে ঘুমিয়ে, আমিই আছি জেগে,

ট্রেন ছুটে চলেছে নিজের গতিবেগে।

চারিদিক অন্ধকার আর শরীরে ঝাঁকুনি,

অজানার উত্তেজনায় মন দিচ্ছে কাঁপুনি।

মাঝে মাঝে আলোর রেখা আর বাকিটা আঁধার,

ছাড়া গরুকে আর নেই কেউ বাঁধার।

বুক ভরা নিশ্বাস আর খোলা মন প্রাণে,

যাত্রায় চললাম নতুন অভিজ্ঞতার সন্ধানে।।

(১৮১) চেঁচামেচির থেকে নিরিবিলিই আমার প্রিয় ,

অনুভূতির থেকে পুরোপুরি নিষ্ক্রিয়।

মুখে এঁটেছি কুলুপ আর কানে গুঁজেছি তুলো ,

আমার কাজকে মনে রেখে পারলে আমাকে ভুলো।।

(১৮২) না আছে কাজ , না আছে কর্ম,

না আছে জাত , না আছে ধর্ম।

আজকের জীবনের এটাই সারমর্ম ,

মানবদেহে গজিয়েছে গন্ডারের চর্ম।।

(১৮৩) একা থাকতে ভালোবাসি, আমি একাকিত্বের দাস ,

একাকীত্বেইহয় আমার প্রতিভার প্রকাশ।

চাঁদের দেখানো আলোয় আর তারাদের মনোরম সঙ্গে ,

সময়ের সাথে সাথে ভেসে গেছি জীবনের তরঙ্গে।।

(১৮৪) অন্তরের শূণ্যতা মন করেছে ভারী ,

কিন্তু আমিও ভালো অভিনয় করতে পারি।

তাই তো কেউ বোঝে না আমার মনে কি চলে ,

সমাজকে বানাই বোকা নানা হাসি ঠাট্টার ছলে।।

(১৮৫) লোকে জিজ্ঞেস করে আমি কেন এত শান্ত ,

কিন্তু সেটা আমার ব্যক্তিগত সিদ্ধান্ত।

তারা যদি আমার অভিজ্ঞতার কথা জানত ,

তাহলে কি তারা এই প্রশ্ন ঠোঁটে আনত ?

(১৮৬) শিব নই তবুও আমি করেছি বিষ পান ,

হরিশচন্দ্র না হয়েও করেছি আমি দান।

অমানুষ হওয়া সত্ত্বেও আমার আছে ঁশ ও মান ,

ক্যাকটাস'এর কাঁটার পাতা দিয়ে সাজিয়েছি বাগান।।

(১৮৭) ভিড়ের মধ্যে যেতে করো না আমায় জোর ,

আমি পছন্দ করি না বেশি হই ছুল্লোড়।

নীরবতার নিরাপত্তায় আছি আমি বেশ ,

উত্তর পাবো না জানা সত্ত্বেও করি প্রশ্ন জিজ্ঞেস।।

(১৮৮) রাজ়ি আছি হতে তোমার ইশারার বাঁদর ,

যদি তাতে পাই তোমার একটু আদর।

প্রেমের ভিখারী আমি ছিলাম বরাবরই ,

তাই তো অনুভূতিদের নিয়ে করি দরাদরি।।

(১৮৯) সমাজের সাথে ঠিক মেলাতে পারি না খাপ ,

রঙ্গমঞ্চের অভিনেতা হয়েও ভুলেছি সংলাপ।

আপোনজনেরাই আজকেরদিনে অনুভূতিদের ধর্ষক ,

আমি আজকে কেবল সময়ের নীরব দর্শক।।

(১৯০) বর্তমানে মানুষের আত্মায় ধরেছে পচন ,

নীতিকথাগুলো আজকেরদিনে কেবলই বচন।

মূর্তির সামনে আর প্রার্থনা কেন শুধাও ,

যখন ভগবান মৃত আর মনুষ্যত্ব উধাও।।

(১৯১) ভালো কাজের যদি হত ভালো ফল ,

তাহলে এত বাড়ত না নাস্তিকের দল।

মন্দির হচ্ছে তৈরী গরিবের ভিটে কেড়ে ,

মন্দিরের সামনে ভিখারির সংখ্যা যাচ্ছে বেড়ে।।

(১৯২) ভালোই আছে তারা তাদের জীবনে আমাকে ছাড়াই ,

যাদেরকে নিয়ে স্বপ্ন দেখেছিলাম , চোখ খুললো তারাই।

নিঃস্বার্থে মন থেকে আমি করেছিলাম তাদের জন্যে ,

তাদেরকে পৌঁছে উদ্দেশ্যে আমি গেছিলাম উচ্ছন্ন্যে।।

(১৯৩) ব্যস্ত জীবনেতে কখনও আমি থামিনি ,

মাথার ভেতরে কখনও এই চিন্তা আনিনি।

জীবনের স্রোতে কি আমিও গেছি বয়ে ?

আলাদা হতে গিয়ে কি সবার মতোই গেছি হয়ে ??

(১৯৪) একদিন আর দিন পেরোবে না ,

আর নিশ্বাস ঢুকবে বেরোবে না।

চলমান জগতে হয়ে যাবো স্থির ,

স্মৃতি যাবে ভুলে , পুড়ে যাবে শরীর।।

(১৯৫) হাঁপিয়ে গেছি দৌড়ে দৌড়ে , এবার চাই ঘাম ঝাড়তে ,

হাঁপিয়ে গেছি জেতা হারায় , এবার চাই খেলা ছাড়তে।

যুক্তিহীন প্রতিযোগীতায় ঠিক হয় না কোনো দিক ,

চিরাচরিত কুরুক্ষেত্রে আমি অভাগা সৈনিক।।

(১৯৬) বাঁচতে গিয়ে ভুলে যাই কি হবে মৃত্যুর পরে ,

স্মৃতি হয়ে থেকে যাবো নিজেদেরই ঘরে।

পড়বে ঝুল , জমবে ধুলো , লাগবে চারিদিকে উই ,

কিছুদিন পর কারুর মনে থাকবে না কিছুই।

জীবনে অনুভূতিদের সময়সীমা খুবই কম ,

সময় বড়ই নির্দয় নিষ্ঠুর , বড়ই নির্মম।

সময়ের সঠিক ব্যবহার করাই বুদ্ধিমত্তার পরিচয় ,

যারা পারে না তারা আমার মতন কবি হয়।।

(১৯৭) অন্য কারুর না হয়ে তুমি আমারই হতে পারতে ,

কিন্তু আমি চাই না তোমাকে কারুর থেকে কাড়তে ।

যাকে করেছো পছন্দ তুমি হয়ে থেকো তারই ,

হাসি মুখে আমি কষ্ট সহ্য করতে পারি।।

(১৯৮) কত জটিল ষড়যন্ত্র করা হয় না ফাঁস ,

হাসি মুখে ফেলতে হয় গভীর দীর্ঘশ্বাস।

মনের কথা মনেতেই রাখতে হয় চেপে ,

xxxvi

যতই থাকুক বলার , বলতে হয় সংক্ষেপে।।

(১৯৯) কটকটে রোদ্দুরেও মনে হয় ঠান্ডা লাগে ,

কখনও কাঁপি কান্নায় তো কখনও কাঁপি রাগে।

আজকেরদিনে কাঁপুনির জন্য দরকার হয় না ঠান্ডার ,

আমাদের চারিপাশে আজকাল এত কষ্টের ভান্ডার।।

(২০০) আমরা সবাই নিজেদের জন্য তৈরী করি খাঁচা ,

স্মৃতি রোমন্থন করা মানে হলঅতীতে বাঁচা।

ভোলার চেষ্টা করি আমরা মনে করে করে ,

যাদের জন্য জাগি তারা ঘুমোয় অঘোরে।

ভাবি কিছু মুহূর্ত করে নেবো চুরি ,

কিন্তু সময় বড্ডো বেশি করে ছুড়োছুড়ি।

মুহূর্তেতে বাঁচাই হল জীবনের আসল জয় ,

মুহূর্ত অনুভব করা গেলেও যায় না করা সঞ্চয়।।

(২০১) ফাঁকা মনে শুধু কষ্টের জোয়ার ,

দরকার শুধু একটি মায়াবী ছোঁয়ার।

কেটেছে দিন সপ্তাহ মাস বর্ষ ,

পায়নি আজও সেই মায়াবী স্পর্শ।।

(২০২) যেদিন থেকে তুমি আমায় ছেড়ে চলে গেলে ,

সেদিন থেকে নিজের ভাবনা দিলাম খাতায় ঢেলে।

কিন্তু তাতে বুঝতে পারবে না আমার মতিগতি,

কারণ ছন্দের আড়ালে লুকিয়েছি ভাবনার গাফিলতি।।

(২০৩) আজকালকার দিনে মানুষ চেনা বড়ো দায়,

কথায় এক আরেক রকম ভাব ভঙ্গিমায়।

একই মানুষের ভেতরে লোকানো মানুষ হাজার রকম,

কখনও সে স্নেহ করে তো কখনও করে জখম।।

(২০৪) মানবিকতা বোধকে তোমরা আস্ত খেয়েছো গিলে,

ভুলে গেছো একদিন তোমরাও মানুষ ছিলে।

নিজেদেরকে মনে করে সবার চেয়ে বড়,

শ্রেষ্ঠ হওয়ার চেষ্টায় হয়েছো সবচেয়ে নিম্নতর।।

(২০৫) নিজের অজ্ঞতার থেকে ছিলাম নিজেই অজ্ঞ,

শিখতে গিয়ে ভেবেছিলাম নিজেকে বিশেষজ্ঞ।

যত শিখেছি তত বুঝেছি যে জানি লেশমাত্র,

আসল শিক্ষক সেই যে চিরকালীন থাকে ছাত্র।।

(২০৬) আজও স্পষ্ট মনে আছে তোমার চলে যাওয়া,

আজও আমি স্মৃতিদেরকে করে চলি ধাওয়া।

বর্তমানের সুখের জীবনেও খুঁজি আমি খুঁত,

তাই তো চিরকালীন কষ্ট পেতে প্রস্তুত।।

(২০৭) মেনে নিয়েছি বলেই হয়তো আর কষ্ট পাই না,

আর কখনও মনে স্বপ্নের প্রদীপ জ্বালাই না।

জীবনের সব আশা আকাঙ্ক্ষা'কে মেরে লাথি,

দুঃখ আর বেদনাকে করেছি জীবন সাথী।।

(২০৮) যদি কখনও ভুল করি তো হই অনুতপ্ত,

তবুও ক্ষমা চাইতে পারি না এতটাই অভিশপ্ত।

চোখে জমা কান্না আর বুকে অনুশোচনার চাঁই,

তবুও কবিত্বের জন্য অদৃশ্যকে ধন্যবাদ জানাই।।

(২০৯) নিজের ভাবনার জন্য অন্যকে নাই ভাবিয়ে,

মনে যাই আসুক, সেটা রেখো মনেতেই দাবিয়ে।

নিজের মনের কথা অন্যকে পেতে দিয়ো না টের,

বোকারাই নিজের কমজোরি অন্যের সামনে করে বের।।

(২১০) ভালোবেসে যাই কারণ ভালোবাসা স্বভাব,

প্রশ্ন করিনা তাই চাইও না জবাব।

কিছুটা মন মানিয়ে আর কিছুটা মাথা খাটিয়ে,

স্মৃতি আর কল্পনাতে জীবন দেব কাটিয়ে।।

(২১১) জানিনা হাতে আর কত সময় বাকি,

জানিনা কালকে আমি থাকি বা না থাকি।

মানুষ যায় চলে, থেকে যায় তার ছাপ,

গন্ধ হাওয়ায় মেশে কিন্তু শুকিয়ে যায় গোলাপ।।

(২১২) অনেক কষ্টে এসেছি স্মৃতির সাগর পেরিয়ে ,

এখন ভালো আছি অতীত থেকে বেরিয়ে।

শিখেছি আমি হাসতে , শিখেছি ভালোবাসতে ,

নিজেকে চেনার চেষ্টা করেছি আস্তে আস্তে।।

(২১৩) এখনও কষ্ট পাই কিন্তু আর দেখাই না ,

বুঝেছি জগতে দুঃখী কেবল আমি একাই না।

আমার পরিস্থিতির জন্য অন্য কেউ দায়ী না ,

নিজের জীবন কখনও কাটাই অন্যের অনুযায়ী না।।

(২১৪) অনেক কষ্টে আমার কবলে এসেছে আমার মন ,

তোকে ভালোবাসার জন্য আর নেই তোর প্রয়োজন।

স্মৃতিদের ইট দিয়ে কল্পনার ঘর করেছি গঠণ ,

জীবন সামলাতে গিয়ে করে ফেলেছি ছন্দপতন।।

(২১৫) প্রকৃত ভালোবাসা পাওয়া যায় বাবা - মা'র মাঝে শুয়ে ,

আসল আশীর্বাদ পাওয়া যায় বাবা- মা'র পা ছুঁয়ে।

তেষ্টা পেলে জল খেও তাদের দু'পা ধুয়ে ,

কারণ তারাই জীবন্ত ভগবান আমাদের এ ভূ'য়ে।।

(২১৬) ভালোবাসার মানে শিখেছিলাম যাকে জড়িয়ে ,

বিরহের পাঠ আজ সে-ই গেল পড়িয়ে।

চলে গেল জীবনে শূণ্যতা ভরিয়ে,

শান্তির জীবনেতে দিল আগুণ ধরিয়ে।।

(২১৭) অন্ধকারের যাত্রী আমি অদৃশ্য পথিক ,

জীবনকালের সময়সীমায় দুঃখ হয়েছে অধিক।

আমারও ভালো হতে ইচ্ছে করে খুবই ,

যত ভাবি পূণ্য করব তত পাপে ডুবি।।

(২১৮) হে দুঃখ , আমাকে আরো নির্মম ভাবে ঠুকরো,

আমার প্রতিটি কবিতা আমার অনুভূতিদের টুকরো।

প্রতিটি রক্তবিন্দু থেকে হবে ছন্দের উৎপত্তি ,

তোমার মিথ্যের থেকে শক্তিশালী আমার সত্যি।।

(২১৯) উঠবে সূর্য , উঠবে চন্দ্র , উঠবো না একদিন ,

দেখতে দেখতে হঠাৎ করেই হয়ে যাব প্রাচীন।

ঝরবে অশ্রু , পড়বে মনে , থাকবে কিছুদিন শোকে ,

কিন্তু একদিন সব স্মৃতিই ভুলে যায় সব লোকে।।

(২২০) ছন্দের সাথে ছন্দ মিলল , মনের সাথে মন ,

মেঘের আড়ালে চাঁদ দেখার করছি আয়োজন।

একবার মুখ দেখিয়েই তুমি লুকোলে লজ্জায় ,

তবুও মুগ্ধ করলে ক্ষণিকের রূপসজ্জায়।।

(২২১) প্রতিটি নিরিবিলি সন্ধ্যায় ,

মন তোমাকেই চায়।

খোঁজে স্মৃতির ভিড়েতে ,

শূণ্য নদীর তীরেতে।।

(২২২) পদ্ম তুলতে গিয়ে গোটা শরীরে মাখলাম কাদা ,

অনুভূতিদের দিতে পারিনি যথার্থ মর্যাদা।

সূর্যোদয় দেখার আশায় সারারাত রইলাম জেগে ,

ভোরবেলায় আকাশ আচ্ছন্ন করলো কালো মেঘে।।

(২২৩) রোগগ্রস্ত শরীরে পচে যাওয়া হৃদয় ,

অদরকারে হিংস্রতা আর দরকারে বিনয়।

ফাটা ফোঁড়ার পুঁজ বয়ে চলে চামড়ায় ,

স্মৃতিরা হয়ে দুঃস্বপ্ন অনুভূতিদের কামড়ায়।।

(২২৪) নর্দমায় জন্ম আমার , আমি নরকের কীট,

বাঁচার চেষ্টায় প্রতিনিয়ত করি মারপিট।

বুঝিনা চারিদিক আঁধার নাকি নিজেই অন্ধ ,

দম বন্ধ পরিস্থিতিতেও মিলিয়ে চলি ছন্দ।।

(২২৫) আমরা আজ হারিয়েছি নিজেদের মান ও হুঁশ ,

মানুষকে দি কষ্ট আর মূর্তিকে দি ঘুঁষ।

ভালো কিছু করতে আর মন দেয় না সায় ,

মৃত্যু বড্ড দামী কিন্তু বেঁচে থাকাও দায়।।

(২২৬) উদ্দেশ্যহীন অস্তিত্বে করি বসবাস ,

মৃতদেহদের ভীড়ে হয়ে জীবন্ত লাশ।

ছাই হওয়ার পথে এগোচ্ছি ক্রমাগত ,

ঠোঁটে নিয়ে হাসি আর বুকে নিয়ে ক্ষত।।

(২২৭) যে বিনা কোনো ফলের আশায় কাজ করে ,

সেই পৌঁছতে পারে উন্নতির শিখরে।

নিন্দা তার আত্মবিশ্বাস'কে করতে পারে না ক্ষত ,

যে নিজেকে প্রশংসা থেকেও রাখে বিরত।।

(২২৮) কেউ আসবে না মানাতে , কেউ করবে না অভিমান গ্রাহ্য ,

কেউ দেখাবে না সহানুভূতি , কেউ করবে না সাহায্য।

নিজের জীবনের লড়াই কেবল হয় নিজেকেই লড়তে ,

নয় হয় মারতে আর তানাহলে হয় মরতে।।

(২২৯) জানি তুই কোনোদিনই আমার ছিলি না ,

একাকিত্বের মধ্যেও নিরিবিলি না।

অনুভূতিরা আজও হয়নি নত ,

সিঁদুরের কৌটো আজও অক্ষত।।

(২৩০) লোহার শিকলের এপার থেকে দেখি চাঁদের দিকে ,

স্বপ্ন দেখি বলেই হয়তো আজও আছি টিকে।

বাঁচার চেষ্টা করে চলেছি প্রতিবন্ধকতাদের বিরুদ্ধে ,

আজকের ক্ষত না শুকিয়েই লড়তে যাচ্ছি কালকের যুদ্ধে।।

(২৩১) মাপবে পকেটের ওজন , দেখবে জামাকাপড় ,

দেখবে না মালিক হওয়ার আগে ছিলে কতদিন চাকর।

তোমার ঘামের দামকে দেওয়া হবে ভাগ্যের নাম ,

অতীতের কষ্ট না দেখবে দেখবে বর্তমানের আরাম।।

(২৩২) পেটে না খেয়েও সয়েছি আমি পিঠে ,

রাত জেগে চোখের তলায় ফেলেছি কালশিটে।

দিনের পর দিন আমি ভস্মে ঢেলেছি ঘি ,

আজও বুঝে উঠতে পারলাম না লাভ টা হল কি !!

(২৩৩) বর্তমান সমাজের বড়োই দুরবস্থা ,

আত্মা মৃত আর শরীর সত্তা।

হৃদয় আজ হয়েছে পাশবিকতার ঠেক ,

চরিত্র অনাথ আর পচা গলা বিবেক।।

(২৩৪) যেহেতু কখনো জীবনে দেখিনি নিজের স্বার্থ ,

তাই তো সমাজের চোখে আজ আমি অপদার্থ।

নিজে জ্বরে ভুগে অন্যের রোগ গেছি সারিয়ে ,

xliv

ভালো হওয়ার বোকামিতে ফেলেছি সব হারিয়ে।।

(২৩৫) নিঝুম রাতের নীরবতার স্পর্শ বড্ড কড়া ,

একাকীত্বের মানেই হল নিজের সাথে লড়া।

প্রতিটি সময়ের ক্ষণের সাথে দীর্ঘশ্বাসের হার ,

চোখ খোলা সত্ত্বেও যেন চারিদিক আঁধার।।

(২৩৬) স্বপ্নে মারা গেলে খুলে যায় চোখ ,

স্বপ্নেরা মারা গেলে , মন পায় শোক।

মৃত্যুর অনিবার্য সত্য জীবনের ভ্রম ভাঙায় ,

চোখের সামনে নগ্ন সত্যির রূপ টাঙায়।।

(২৩৭) জন্মের সময় আমরা কেউই থাকি না বিজ্ঞ ,

আঘাত পেতে পেতে হয়ে উঠি অভিজ্ঞ।

আঘাত পেলে মনে তবেই মাথা খোলে ,

জগৎ চেনা যায় না লুকিয়ে মায়ের আঁচলে।।

(২৩৮) দোষ না করলে কখনো চাই না আমি ক্ষমা ,

মন রাখতে কাউকে বলতে পারিনা তিলোত্তমা।

নাই চাই গুরুত্ব , নাই দি কাউকে পাত্তা ,

কারণ মৃত সমাজেও জীবিত আমার অন্তর আত্মা।।

(২৩৯) ঝগড়াঝাটি মনোমালিন্যের অজুহাত সব বেকার ,

সম্পর্ক ঠিকই টিকে যায় যদি সেটা হয় টেকার।

সম্পর্ক বজায় রাখার শুধু ইচ্ছেটা থাকা চাই ,

অজুহাত হাজার রকমের হলেও কারণ একটাই।।

(২৪০) অনুভূতিরা আজ মৃত হয়ে শোয়া ,

সমাজের আর তারা করে না পরোয়া।

সম্পর্কের রোগ খুবই ছোয়াঁচে ,

একাকীত্বেই মানুষ শান্তিতে বাঁচে।।

(২৪১) জীবনের কোনো সম্পর্কের ওপরেই করো না নির্ভর ,

দরকারের সময় সেই সম্পর্কই গালে মারে চড়।

সময় ঠিকই বুঝিয়ে দেয় মানুষকে নিজের দর ,

ভবিষ্যৎ তখন অন্ধকার আর অতীত হয় হাস্যকর।।

(২৪২) সবাই আমার বন্ধু , আমি সবার কাজেই আসি ,

কারণ সবাইকেই আমি সমানভাবে ভালোবাসি।

তোমাদের ব্যক্তিগত ঝামেলা তোমাদের নিজস্ব দায় ,

আমার কাছে তোমরা সবাই সমান জায়গায়।।

(২৪৩) বাস্তবের সব কীর্তি দেখে জ্বলে যাচ্ছে পিত্তি ,

স্বপ্নের কবিতা লিখছি করে কল্পনার ওপর ভিত্তি।

মন ভর্তি জঞ্জাল আর মাথা ভর্তি জট ,

অবহেলিত শুরু বোঝাচ্ছে আজ শেষ কতটা নিকট।।

(২৪৪) জানিনা কেন তোমার সাথে করি বৃথা তর্ক ,

যখন আমাদের মধ্যে নেই কোনো সম্পর্ক।

একাকিত্ব আর নিজস্বতার পেয়েছি আমি স্বাদ ,

অতীতের অভিশাপ হয়েছে বর্তমানের আশীর্বাদ।।

(২৪৫) মেঘলা আকাশের তলে বসে খোলা জানলার ধারে ,

রসকষহীন যন্ত্ররাও ছন্দ মেলাতে পারে।

পাথরে জমে শ্যাওলা আর বালিতে বেরোয় জল ,

কল্পনার ফল ভাঙার চেষ্টা করে বাস্তবের শিকল।।

(২৪৬) চটচটে চামড়া আর ঘেমো গা ,

পুঁজ ভর্তি ফোঁড়া আর তাজা ঘা।

পঁচাগলা দেহ আর জঞ্জালের জঙ্গল ,

মূর্তিদের ভণ্ডামি আর প্রার্থনায় অমঙ্গল।।

(২৪৭) লিখতে পারি না কোনো ভালোবাসার গান ,

কারুর প্রতি আমার নেই কোনো টান।

অনুভূতিদের নিয়ন্ত্রণে হয়েছি দক্ষ ,

বাস্তবের সাথে বুঝেছি সাহিত্যের পার্থক্য।।

(২৪৮) নিজের শেষ নিশ্বাস অবধি ,

হবে না ভুলের উপলব্ধি।

জীবনের নীতিগুলো গেছে চুলোয় ,

ধোঁয়া হয়ে মিশে গেছে শহরের ধুলোয়।।

(২৪৯) নাই কখনো করতে পারবো কারুর মনোরঞ্জন ,

নাই রাগ ভাঙিয়ে করতে পারবো মানভঞ্জন।

মৃত মনে সব অনুভূতিরা পুড়ে ছাই ,

আমার বর্তমানের জন্য আমার অতীত দায়ী।।

(২৫০) কাটা বৃক্ষের ছাওয়া ,

আজও করে ধাওয়া।

ঘুচিয়ে ছাওয়া পাওয়া ,

আজকে সবই হাওয়া।।

(২৫১) মিথ্যে সব ভালোবাসা , ভন্ড সব প্রশংসা ,

সাপের জগতে সতী না হয়ে হও মা মনসা।

ছোবল মারতে আজ সবাই উঠিয়ে আছে ফণা ,

সুখের সমাজ আজ যেন দূরের কল্পনা।।

(২৫২) আমার কবিতা উলঙ্গ , তাতে নেই লজ্জাশরম ,

নরমকে বলি নরম আর গরম'কে বলি গরম।

পছন্দ না হলে আমার বইকে দিও জ্বালিয়ে ,

আমিও না পালিয়ে আমার বিপ্লব যাব চালিয়ে।।

(২৫৩) শিল্পের মূল্য তো বড়লোকদের কাছে,

গল্পের গরুরাও চড়ে যায় গাছে।

গরিবদের কাছে তো আছে খালি পেট,

ধুলো মাখা খাতা আর পোড়া সিগারেট।।

(২৫৪) জানি কখনো দেখবে না আমার কবিতার খাতা খুলে,

হয়তো অপবিত্র হয়ে যাবে আমার প্রতিভাকে ছুঁলে।

তোমার মধ্যবিত্ত মানসিকতা যত নষ্টের মূলে,

মনের সকল ব্যথা জমেছে কবিতা লেখা আঙুলে।।

(২৫৫) কারুর হাসতে হাসতে চোখ ভরে আসে তো কেউ চোখে জল নিয়ে হাসে,

কারুর প্রেম পূর্ণতা পায় তো কেউ সারাজীবন একতরফা ভালোবাসে।

কেউ খুশী ছন্দের মিলনে তো কেউ শব্দের মানে খোঁজে,

কেউ বালির ঘর গড়ে তো কেউ হিজিবিজি কাটে কাগজে।।

(২৫৬) দরকারের সময় বোঝা যায় যে আমরা কতটা একা,

সবাই মারে টোন টিটকিরি আর দেয় কথার ছ্যাঁকা।

সুখের সময় সবাই কুকুরের মতন এসে ল্যাজ নাড়ায়,

দরকার ফুরোলেই ঘেন্নার সাথে দূর ছাই করে তাড়ায়।।

(২৫৭) মানুষ কারুর না আর নাই পারবে কারুর হতে,

নিজের মনের মাটিতে সে বিষের বীজ পোঁতে।

নিজের সামান্য লাভের জন্য করে অন্যের ক্ষতি,

নীতির সঙ্গে প্রতিটি পদক্ষেপে অসঙ্গতি।।

(২৫৮) কদর্য তোমার মন, জানোনা ভদ্রতা লেশমাত্র,

নাই পাতে দেওয়ার যোগ্য, নাই ক্ষমার পাত্র।

নাই আছে শিক্ষা, নাই মানবিকতা বোধ,

মুখে মারিতং জগৎ কিন্তু নেই কাজের মুরোদ।।

(২৫৯) কোনো কিছুর প্রতি আর নেই আমার স্পৃহা,

জীবনের প্রতিই আমার এসেছে অনীহা।

ঘড়ির কাঁটার সাথে চোকাচ্ছি নিঃশ্বাসের ধার,

জন্মদিন ভুলে করছি শ্রাদ্ধের জোগাড়।।

(২৬০) যখন জীবনে ঘনায় দুর্দশা,

সেটা ঈশ্বরেরই ছক কষা।

প্রকোপ না পড়লে দুর্ভাগ্যের,

প্রয়োজন হয় না বৈরাগ্যের।।

(২৬১) ফাটা ফোঁড়ার পুঁজ আর ঘামে মেশা তেল,

খিস্তি ভরা ভোর আর অসুস্থতার বিকেল।

চিতায় ধরিয়ে বিড়ি আর যজ্ঞে ফেলে থুতু,

সখে করে ধর্ষণ মৃতদেহে দাও কাতুকুতু।।

(২৬২) প্রতিজ্ঞার নামে শুধু মিথ্যে কথা যাচ্ছি শুনে,

|

ছাই ভিজেছে চোখের জলে , গোলাপ পুড়েছে আগুণে।

প্রাণের বন্ধুরা একে অপরের বিরুদ্ধে কষছে ছক ,

দৃষ্টিহীনেরা সমাজের আজ পথপ্রদর্শক।।

(২৬৩) গলার স্বর হারিয়ে ফেলেছি চুপ থাকতে থাকতে ,

শরীরে চামড়া কম পড়েছে আঘাত ঢাকতে ঢাকতে।

জীবনের প্রতিটি পদক্ষেপে অভিজ্ঞতা বড্ড তেঁতো ,

চোখের জল শুকিয়ে গেছে আর বিশ্বাস হয়েছে এঁটো।।

(২৬৪) রাতের পর রাত কাটিয়েছি আমি জেগে ,

আপনজনদের আঘাত আজও আছে মনে লেগে।

মন আমার ভারী আর আঁধার আমার প্রিয় ,

একাকীত্ব আমার কাছে খুবই প্রয়োজনীয়।।

(২৬৫) আমিও চেয়েছিলাম স্বাভাবিকতা , আমিও করেছিলাম আশা ,

নিষ্পাপ মনে আমারও ছিল সরল জিজ্ঞাসা।

কিন্তু যখন ফুটে বেরোলো সকলের আসল রূপ ,

বাধ্য হয়েই তখন নিজের মুখে আঁটলাম কুলুপ।।

(২৬৬) মানছি আমাদের চেহারা বা গায়ের রং ভিন্ন ,

কারুর গায়ে দামী জামা তো কারুর বস্ত্র ছিন্ন।

কিন্তু সবার গায়ের লাল রং যে একতার চিহ্ন ,

তাহলে কেন তফাৎ নিয়ে এত মনোমালিন্য ??

(২৬৭) পছন্দ না করলেও করতে পারবে না অগ্রাহ্য ,

রাজা না হয়েও তৈরী করেছি নিজের রাজ্য।

দোয়া করেছি তবুও কখনো পাইনি সাহায্য ,

জীবনের তিক্ত অভিজ্ঞতাগুলোই আমার আচার্য।।

(২৬৮) ভদ্রতার খাতিরে তোমার অসভ্যতামিকে দিয়েছি ছাড় ,

কিন্তু তোমাকে করতে দেব না আমাকে ব্যবহার।

ঘুড়ি ভেবে ওড়াতে গেলে হাত কেটে যাবে মাঞ্জায় ,

তুমি হতে পারো চালাক কিন্তু আমিও ছক্কায় পাঞ্জায়।।

(২৬৯) যতই কাউকে ভালোবাসো , বলার করো না ভুল ,

বলা মানেই নিজেই নিজের পায়ে মারা কুড়ুল।

মনের সাথে মুখের করতে দিয়ো না যোগস্থাপন ,

কষ্টের সূচনা তখনই যখন করবে কাউকে আপন।।

(২৭০) দরকারের সময় করিস ন্যাং ন্যাং ,

দরকার ফুরোনো মাত্রই মারিস ল্যাং।

নাই আছে মান , নাই আছে বোধ ,

ঋণ নিয়ে উপকার ক্ষতি করিস শোধ।।

(২৭১) নিজেকে লোকানোর চেষ্টায় আমরা করি সাজগোজ ,

জীবনের মানে খুঁজতে গিয়ে হই নিখোঁজ।

বলি জ্ঞানের কথা আর পড়ি অনেক বই,

কিন্তু দরকারের সময় আমরা পঙ্গু হয়ে রই।।

(২৭২) হটাৎ করেই দেখা হল অচেনা ভিড়ের মাঝে,

তুমিও ছিলে নিজের চিন্তায় আমিও যাচ্ছিলাম কাজে।

চোখাচোখি হল তবুও এগোলাম পরস্পরের পাশ কাটিয়ে,

দুজনেই ভাবলাম কি লাভ পুরোনো কাসুন্দি ঘাঁটিয়ে।

মনটা হল ভারী আর পড়লো দীর্ঘশ্বাস,

হল স্মৃতি রোমন্থন আর অভিনয় হল ফাঁস।

প্রতিটি পদক্ষেপে অতীত খাচ্ছিলো কুরে কুরে,

পেছনে ঘুরতে দেখলাম তুমিও দেখছিলে পেছন ঘুরে।।

(২৭৩) দিনের পর দিন কাটে, মাসের পর মাস,

ব্যস্ত জীবনে পাওয়া যায় না ক্লান্তির অবকাশ।

আকাশের দিকে তাকালে চোখ ঝলসে যায় রোদে,

যাদের ভাববে আপন তারাই ফেলবে বিপদে।

যদি কাউকে মনে করো নিজের শেষ সম্বল,

সেই সব থেকে বেশী ঝরাবে চোখের জল।

ছোবল মারতে সবাই নিজের ফণা আছে উঠিয়ে,

বাঁচতে চাইলে নাও নিজেকে সবার থেকে গুটিয়ে।।

(২৭৪) নিহত আমার হৃদয়, পোড়া আমার মন,

অনুভূতিহীন যন্ত্ররা কখনও হয় না আপন।

কাজ করতে থাকি যাতে সময় কেটে যায়,

মনের কথা শুনতে মাথা দেয় না সায়।

কম কথা বলে নিজের একাকীত্ব করি ভোগ,

কারুর সাথে রাখি না আমি কোনো যোগাযোগ।

অভিজ্ঞতার দৌলতে আমি সমাজ'কে গেছি বুঝে,

তাই তো সবাইকে এড়িয়ে থাকি বই'তে মুখ গুঁজে।।

(২৭৫) মানুষের আজ কারুর প্রতি নেই দয়া মায়া,

মানুষ আজ পুরোপুরি নিলজ্জ বেহায়া।

অপবিত্র মনে ঈশ্বরকে করে স্পর্শ,

আপনজনদের বিরুদ্ধেই করে শলা পরামর্শ।।

(২৭৬) ঘুম ভাঙলো কিন্তু তবুও কাটলো না স্বপ্নের রেশ,

নিজের বাড়ি থেকেই নিজে হলাম নিরুদ্দেশ।

অচেনা লাগল প্রতিদিনের চেনা পরিবেশ,

অতীত যেন শেষ হয়েও হল না শেষ।।

(২৭৭) প্রেম ভালোবাসা যেখানে ছেলের হাতের মোয়া,

অনুভূতির ওপর যেখানে কারুর নেই পরোয়া।

ভিড়ের মধ্যে একেলা দাঁড়িয়ে শহরের চাকচিক্যে,

আশীর্বাদের নামে পাওয়া যায় অগ্রাহ্যের ভিক্ষে।।

(২৭৮) কপালের ঘাম মিশে গেছে বৃষ্টির জলে,

আমিও মিলিয়ে গেছি অচেনাদের দলে।

জগতে অনেক লোক অনেক কথাই বলে,

কিন্তু সবকিছুই নির্ভর করে কর্মফলে।।

(২৭৯) জানি আমার জীবনে খুব কম সময়ই বাকি,

মৃত্যুর কাছে চাই না আমি দিতে নিজেকে ফাঁকি।

মোহ মায়া ত্যাগ করে নিজের মতন চুপচাপ থাকি,

নাই করি বোকামি, নাই করতে চাই চালাকি।।

(২৮০) চালে আমার কাঁকর, ভাত আমার পান্তা,

বুদ্ধিজীবিদের জগতে আমি নই সবজান্তা।

অগ্রাহ্য করে সমাজের সব স্থাপিত গন্ডি,

বাস্তবিক জগতে আমি এক উড়নচন্ডী।।

(২৮১) যতই থাকি শান্তশিষ্ট, ব্যস্ত থাকে মন,

আকাঙ্ক্ষার অন্ত নেই আর আশার প্রলোভন।

অসমাপ্ত গল্পগুলো করে নিজের মতন শেষ,

বিনা আগুণে পুড়ে আমার জ্বলতে লাগে বেশ।।

(২৮২) নিজের কুকর্মের আর দি না কোনো যাচাই,

এখন নিজের আঙুলের ডগায় সকলকে নাচাই।

নোংরা আমার স্বভাব আর কদর্য আমার রুচি,

নিরীহদের কেটে গলা রক্ত দিয়ে করি কুলকুচি।

(২৮৩) যে সব জিনিসের প্রতি ছিল উৎসাহ ,

সেই সবকিছুকে নিজের হাতে করেছি দাহ।

অনুভূতিরা পুড়ে ছাই আর পাথর আমার বুক ,

বাস্তব লাগে ভৌতিক আর দুঃখের কৌতুক।।

(২৮৪) সময় তৈরী করতে পারে পাথরের গাছ ,

মাংশাসী পুরোহিত বা আগুণের মাছ।

স্মশানের ঠাট্টায় আছে মন্দিরের কান্না ,

চালেতে ভেজাল আর খাঁটি চুনি পান্না।।

(২৮৫) রাতের শহরের রূপ অন্য ,

সে রূপ নয় সবার জন্য।

নীরব - নিবিড় - নিরিবিলি ,

আমায় নিজের বশে নিলি।

নই আমি সজ্ঞানে ,

মগ্ন হলাম তোর ধ্যানে।

স্বপ্নের সাথে করি মিলমিশ ,

বাস্তব কানে করে ফিসফিস।।

(২৮৬) আগুণ হয়েছে শান্ত , যদি হয়েছে বিচলিত ,

জানোয়ারদের আধিপত্যে শিকারি'রা সব ভীত।

তাবড় তাবড় বক্তারা হয়ে যায় নীরব শ্রোতা ,

কেরোসিন আর দেশলাইয়ের যখন হয় মিত্রতা।।

(২৮৭) কখনো ভেবে দেখেছো আমরা কতটা অসহায় ,

সবাই কেমন বেঁচে আছি কপালের দয়ায়।

কালকের শিকার হয় আজকের শিকারী ,

আজকের রাজা হয় কালকের ভিখারী।।

(২৮৮) আমাদের এই সমাজটা বড়োই অদ্ভুত ,

মিথ্যের জয়গান আর সত্যি অচ্যুত।

সত্যির সাথে স্বার্থ হয়েছে যুক্ত ,

কিন্তু ইতিহাসের পাতায় তথ্য নথিভুক্ত।।

(২৮৯) মূর্তির প্রতি হারিয়েছি বিশ্বাস , ঘেন্না করে ভালোবাসায় ,

মৃত্যুর কামনা করি একটু শান্তি পাওয়ার আশায়।

অপ্রিয় আমি সবার , সব সম্পর্ক নিষ্ক্রিয় ,

পারলে আমার মৃত্যুতে আমাকে ক্ষমা করে দিও।

শুনলে মুখের ভাষা কিন্তু বুঝলে না আমার মন ,

বুঝিয়ে দিলে জগতে কেউ হয় না আপন।

একাই এসেছি জগতে আর চলেও যাবো একা ,

ক্ষণিকের জীবনে জগতের কাছে খেলাম ভ্যাবাচ্যাকা।।

(২৯০) কারুর নেই কারুর ওপর কোনো অধিকার ,

নিজেদেরকেই বইতে হয় স্বাধীনতার ভার।

নিজের জেতাকে মনে করে অপরের হার ,

ধর্ষণ করা হাতও করে দেবীকে নমস্কার।।

(২৯১) ব্যস্ততার দৌলতে সব সম্পর্ক হয়েছে শেষ ,

আপনজনেরা আজকেরদিনে সবাই নিরুদ্দেশ।

আত্মাহীন দেহদের থাকে না কোনো মন ,

অজ্ঞাত জীবনের প্রতিটি মুহূর্ত দুর্ঘটনা প্রবণ।।

(২৯২) যখনই হবে কোনো কিছু থেকে বঞ্চিত ,

মনে রেখো কত কিছু আছে সঞ্চিত।

যা চাই সময় যদি তাই আমাদের দিত ,

তাহলে কি করে হতাম আমরা শিক্ষিত।।

(২৯৩) কিবোর্ডের আধিপত্যে পেন'এ জমেছে ধুলো ,

বিজ্ঞানের কোলে ইতিহাস মাথা পেতে শুলো।

যুক্তি সজোরে চড় মারে কল্পনার গালে ,

মন নিজের কান্না লোকায় মাথার আড়ালে।।

(২৯৪) আমার একাকিত্ব আমার জীবনের সত্যি ,

তুমি না হলেও তোমার স্মৃতি সম্পত্তি।

আমার লেখার ধাঁচ , আমার প্রতিটা চিন্তাধারা ,

তোমার নীরব ডাকের দেবে নীরবে সাড়া।।

(২৯৫) কি করে লিখি বলো প্রেমের কাব্য ,

নাই আছে যোগ্যতা , নাই সৌভাগ্য।

আমার জীবনে ভালোবাসার ভাগ ,

গোলাপের কাঁটায় লাগা রক্তের দাগ।।

(২৯৬) চেনা শহর কেন হলো জীবিত স্মশান ?

কলিযুগের ক্ষতর কি নেই অবসান ?

অরাজকতার সুযোগে যে যার তালে ,

ধ্বংসস্তূপে কুড়াচ্ছে হৃদয়ের জঞ্জালে।।

(২৯৭) তোমার অপেক্ষায় চোখ রাখি পথে ,

কিন্তু জীবন চলে নিজের মতে।

যুক্তি খুঁজতে যেও না আমার বক্তব্যের ,

আমি হলাম যাত্রী বিনা গন্তব্যের।।

(২৯৮) চেষ্টা করে চলেছি বলেই যাইনি আজও হেরে ,

বারংবার রোগগ্রস্ত হয়েও উঠেছি সেরে।

অন্তহীন স্বপ্নেরা নেয় রাতের ঘুম কেড়ে ,

বালির ঘর ভাঙতে মস্ত ঢেউগুলো আসে তেড়ে।।

(২৯৯) ব্যক্ত করতে ভাবনা মিলিয়ে চলি ছন্দ ,

বাস্তবিকতা সৃষ্টি করে চিন্তাধারায় দ্বন্দ্ব।

মন বিচলিত থাকলেও চোখ থাকে শান্ত ,

ধুরন্ধরদের মাঝে আমি এক ক্যাবলাকান্ত।।

(৩০০) একটুখানি পারলে ভেবো করে মনকে স্থির ,

প্রাসাদের একাকিত্ব ভালো নাকি টিনের চালের ভিড় ?

সব যুদ্ধের সব যোদ্ধারা সবসময়ে হয় না বীর ,

চিন্তিত রাজার থেকে ভালো শান্তিতে থাকা ফকির।।

(৩০১) আমিও উড়েছি , আগুণে পুড়েছি , তোমাকে ছোঁয়ার আশায় ,

পুড়েছে ডানা , শুনিনি মানা , অন্ধ ভালোবাসায়।

বোকার মত , হয়ে আহত , পাইনি কোনো ফল ,

আমার কষ্ট , বোঝালো স্পষ্ট , সব কিছুই ছল।।

(৩০২) যে চোখ ছিল অসহায় , সে চোখে আজ আগুন ,

যে ছিল রক্ষাকর্তা , আজ সে-ই করে নৃশংস খুন।

যে ছিল শান্ত শিষ্ট , আজ উগ্রতা তার ধাতে ,

শান্তির প্রতীক শান্তি খুঁজতে যায় রক্তপাতে।।

(৩০৩) দেখা হলে দেখা হবে , না হলে না হোক ,

আমরা সবাই অভিনেতা আর জীবন এক নাটক।

গল্প তো লেখা আগেই , শুধু চরিত্রায়ন টাই বাকি ,

বৃথা চেষ্টা করি দিতে পরিচালক'কে ফাঁকি।।

(৩০৪) তুমিই সেই ঘোড়া যাকে দেখে হই আমি খোঁড়া ,

নীরব রাতের সঙ্গী তুমিই ভোরের আড়মোড়া।

ঝর্ণার প্রশান্ত কুলকুল তুমিই পাহাড়ের সূর্যোদয় ,

তোমাকে ভাবলে আমার মতন নির্বোধেরও বোধ হয়।

তুমিই আমার ওষুধ আবার তুমিই আমার রোগ ,

তুমিই আমার হতাশা আবার তুমিই উদ্যোগ।

চিনি না, জানি না, তবুও তুমি করেছো হৃদয়কে স্পর্শ,

আমার খাঁচায় বন্দি স্বপ্নদেরকে করে উৎকর্ষ।।

(৩০৫) যত জীবনে হবে ভোলা ভালা শান্ত শিষ্ট,

তত মানুষে করে তুলবে তোমাকে অতিষ্ঠ।

ভালো হয়ে লাভ নেই যদি হয় নিজের অনিষ্ট,

পেরেকে বিদ্ধ হয়ে হতে যেও না যীশু খ্রীষ্ট।।

(৩০৬) লোকে বলে আমার প্রতিভা নাকি জন্মগত,

কিন্তু কেউ দেখে না অতীত দিয়েছে কত ক্ষত।

হাজার ক্ষোভের পাহাড় দাঁড়িয়ে আছে মনের মাটিতে,

খোঁড়া অনুভূতিদের ভার চাপাতে চাই ছন্দের লাঠিতে।।

(৩০৭) অতীতের সেই কথা ভাবলে চমকে ওঠে পিলে,

মনে হয় কোনও আদিম দানব খেতে আসছে গিলে।

সেই ঘটনারই আভাস দিলাম এই কলমের নীলে,

সংগতি খোঁজার চেষ্টা করো না জীবনের অমিলে।।

(৩০৮) বুঝেও বোঝো না নাকি বুঝেও সাজো অবুঝ,

অনুভূতিদের আকার হয় প্রেমের অদৃশ্য ত্রিভুজ।

শেষ সম্বল ছিল যেটা হারাচ্ছে সেই স্মৃতিও,

অনির্দিষ্টকাল ধরে থেকে দুজনের মধ্যে তৃতীয়।।

(৩০৯) মানসিকতা করে চলেছে মানবিকতার শিকার,

মেরুদন্ডহীন বুদ্ধিজীবিরা স্বেচ্ছায় নির্বিকার।

পচা গলা সমাজ আলোর গতিতে যাচ্ছে চুলোয়,

নিজের প্রতিবিম্ব দেখলে নিজেরই গা গুলোয়।।

(৩১০) এখন আর আমি কোনো দুঃখ কষ্ট পাই না,

যদিও আমার অবস্থার জন্য আমি কিন্তু দায়ী না।

এত বেশী পুড়েছি যে আর হয় না জ্বালা,

হাজার অশান্তির পরে এবার চিরশান্তির পালা।।